中学校 美術

「主体的に学習に取り組む態度」の学習評価完全ガイドブック

東良 雅人・竹内 晋平 編著

明治図書

Contents

「主体的に学習に取り組む態度」の
学習評価のポイント

京都市立芸術大学客員教授　東良雅人

1 「主体的に学習に取り組む態度」の学習評価の鍵は，授業改善にある

(1)はじめに

　観点別学習状況の評価が，これまでの四観点から三観点に整理されました。それに伴い，「美術への関心・意欲・態度」の観点が，「主体的に学習に取り組む態度」としてより生徒の学習に対する具体的な姿を思い描けるように観点の名称が変わりました。

　平成28年12月21日に中央教育審議会が取りまとめた，「幼稚園，小学校，中学校，高等学校及び特別支援学校の学習指導要領等の改善及び必要な方策等について（答申）」（以下，答申という）において，「主体的に学習に取り組む態度」の評価について，次のように示されています（第9章　何が身に付いたか―学習評価の充実―　3.評価に当たっての留意点等）。

　「主体的に学習に取り組む態度」については，学習前の診断的評価のみで判断したり，挙手の回数やノートの取り方などの形式的な活動で評価したりするものではない。子供たちが自ら学習の目標を持ち，進め方を見直しながら学習を進め，その過程を評価して新たな学習につなげるといった，学習に関する自己調整を行いながら，粘り強く知識・技能を獲得したり思考・判断・表現しようとしたりしているかどうかという，意思的な側面を捉えて評価することが求められる。

　このことは，従前の「関心・意欲・態度」での評価の趣旨と大きく変わるものではありません。ただ，これまでの学習評価において，答申に示されているように，挙手の回数やノートの取り方など，性格や行動面の傾向が一時的に表出された場面を捉える評価であるような誤解が払拭し切れていないのではないか，という問題点が長年指摘され現在に至ることから，「関心・意欲・態度」を「主体的に学習に取り組む態度」と改めたということともいえます。

　しかし，この長年の指摘というものは，単に生徒の学習状況の見取り方だけの問題だけではありません。それは，授業自体が，「性格や行動面の傾向が一時的に表出された」ことしか見取れないような内容であることも考えられるからです。「主体的に学習に取り組む態度」の評価では，後で述べる「粘り強い取組を行おうとする側面」と「自らの学習を調整しようとする

側面」の両面から評価することが求められていますが，今行っている授業は，一人一人の生徒が題材を自分ごととして捉え，主体的に取り組めるような内容となっているでしょうか。

　また，毎時間の学習活動のどこかに生徒が単に粘り強さだけでなく，自己決定を積み重ねて自己実現を図るなど，学習に関する自己調整を行いながら思考や判断，表現するような場面があるかなどを改めて考えることが必要です。学習活動が生徒の実態に関わらず形式的であったり，教師の指示だけで授業が進んだりするなど，生徒の意思的な側面をほとんど必要としない授業も少なくありません。「主体的に学習に取り組む態度」の評価が難しいと感じた時，その難しさは，単に生徒の実現状況の見取り方だけに課題があるのではなく，授業そのものにも課題があると考え，題材のねらいや学習活動について振り返ることが大切です。

(2)中学校美術科で育成する資質・能力と評価の観点との関係

　「主体的に学習に取り組む態度」の評価の方法を考える前に，まずは，評価の観点と，美術科の教科の目標や，「A表現」「B鑑賞」〔共通事項〕の各領域等との関係を理解しておく必要があります。現行の学習指導要領では，各教科等で育成する資質・能力を，学校教育法が定める学校教育において重視すべき三要素に基づいて，「知識及び技能」「思考力，判断力，表現力等」「学びに向かう力，人間性等」の三つの柱に整理されました。

　また，そのことに応じて，観点別学習状況の評価においても，これらの三つの柱に基づいて「知識・技能」「思考・判断・表現」「主体的に学習に取り組む態度」の三観点に整理されました。中学校美術科における教科の目標や内容と評価の観点との関係は以下の表1，表2のようになります。

表1　中学校美術科の教科の目標と評価の観点との関係（※各学年の目標との関係は省略）

教科の目標（柱書は除く）	目標と育成する資質・能力との関係	評価の観点
(1)　対象や事象を捉える造形的な視点について理解するとともに，表現方法を創意工夫し，創造的に表すことができるようにする。	「知識及び技能」	「知識・技能」
(2)　造形的なよさや美しさ，表現の意図と工夫，美術の働きなどについて考え，主題を生み出し豊かに発想し構想を練ったり，美術や美術文化に対する見方や感じ方を深めたりすることができるようにする。	「思考力，判断力，表現力等」	「思考・判断・表現」
(3)　美術の創造活動の喜びを味わい，美術を愛好する心情を育み，感性を豊かにし，心豊かな生活を創造していく態度を養い，豊かな情操を培う。	「学びに向かう力，人間性等」	「主体的に学習に取り組む態度」

表2　中学校美術科の教科の内容と評価の観点との関係

領域等	項目と育成する資質・能力との関係	評価の観点
A表現	(1)発想や構想に関する資質・能力（「思考力，判断力，表現力等」）	「知識・技能」
	(2)技能に関する資質・能力（「知識及び技能」（技能））	「知識・技能」（技能）
B鑑賞	(1)鑑賞に関する資質・能力（「思考力，判断力，表現力等」）	「思考・判断・表現」
〔共通事項〕	(1)造形的な視点を豊かにするための知識（「知識及び技能」（知識））	「知識・技能」（知識）

　表1，表2にあるように，学習指導要領に示された，教科の目標(1)，(2)，(3)や，教科の内容である「A表現」「B鑑賞」〔共通事項〕の各領域等は，評価の観点と対応するように整理されています。ここで留意すべきは「主体的に学習に取り組む態度」の評価対象となる「学びに向かう力，人間性等」に関しては，表1の教科（各学年）の目標には示されているが，表2の教科の内容では示されていないことです。つまり，「学びに向かう力，人間性等」に関する資質・能力は，特定の指導事項で指導するものではなく，目標に基づき，「A表現」「B鑑賞」〔共通事項〕の指導を通して，身に付けさせていくものだということとなります。

　そのことから「主体的に学習に取り組む態度」の評価についても，図1のように，「A表現」「B鑑賞」〔共通事項〕の指導を通して，学習指導要領に基づいた資質・能力を身に付けようとしたり，発揮しようとしたりする態度を評価することとなります。このため，本章「(1)はじめに」で述べたとおり，適切で妥当性のある評価をするためには，学習指導要領に基づいた妥当性のある授業展開が不可欠となります。

図1　学習活動の過程における態度を評価する

(3)「学びに向かう力，人間性等」と「主体的に学習に取り組む態度」

　中学校美術科においては，表3のように「学びに向かう力，人間性等」に関する資質・能力を，教科の目標及び学年の目標に位置付けています。

表3　「学びに向かう力，人間性等」に関する資質・能力

教科及び学年の目標	「学びに向かう力，人間性等」
教科の目標	(3) 美術の創造活動の喜びを味わい，美術を愛好する心情を育み，感性を豊かにし，心豊かな生活を創造していく態度を養い，豊かな情操を培う。
第1学年の目標	(3) 楽しく美術の活動に取り組み創造活動の喜びを味わい，美術を愛好する心情を培い，心豊かな生活を創造していく態度を養う。
第2学年及び第3学年の目標	(3) 主体的に美術の活動に取り組み創造活動の喜びを味わい，美術を愛好する心情を深め，心豊かな生活を創造していく態度を養う。

　「学びに向かう力，人間性等」は，三つの柱で示された育成すべき資質・能力である「知識及び技能」や「思考力，判断力，表現力等」をどのような方向性で働かせていくかを決定付ける重要な要素であり，主体的に学習に取り組む態度も含めた学びに向かう力や情意や態度等に関わるものが含まれるものです。

　中学校美術科の目標に示された「学びに向かう力，人間性等」には，「感性」や「心豊かな生活を創造していく態度」「情操」など，幅広いものが含まれており，全ての内容が観点別学習状況の評価になじむものではないことに留意する必要があります。答申においても，"「主体的に学習に取り組む態度」と，資質・能力の柱である「学びに向かう力・人間性」の関係については，「学びに向かう力・人間性」には①「主体的に学習に取り組む態度」として観点別評価（学習状況を分析的に捉える）を通じて見取ることができる部分と，②観点別評価や評定にはなじまず，こうした評価では示しきれないことから個人内評価（個人のよい点や可能性，進歩の状況について評価する）を通じて見取る部分があることに留意する必要がある"としています。

　また，個人内評価を通じて見取る部分には，人間形成において非常に重要な内容を含んでおり，観点別学習状況の評価や評定にのみ目を奪われて，一人一人の生徒の個人のよい点や可能性，進歩の状況を見逃してしまわないよう，しっかりと見取り評価することが大切です。

2　観点別学習状況の評価と個人内評価

(1)学習評価の改善の基本的な方向性

　学習評価は生徒や教師にとって何の役に立つのでしょうか。また，学校ではどのように役に

立っているのでしょうか。まずは本書のテーマとしている「主体的に学習に取り組む態度」の評価をすることにどのような意味があるのかを考えていく必要があります。

　答申においては，「学習評価の意義」を次のように示しています。

○学習評価は，学校における教育活動に関し，子供たちの学習状況を評価するものである。「子供たちにどういった力が身に付いたか」という学習の成果を的確に捉え，教員が指導の改善を図るとともに，子供たち自身が自らの学びを振り返って次の学びに向かうことができるようにするためには，この学習評価の在り方が極めて重要であり，教育課程や学習・指導方法の改善と一貫性を持った形で改善を進めることが求められる。

○子供たちの学習状況を評価するために，教員は，個々の授業のねらいをどこまでどのように達成したかだけではなく，子供たち一人一人が，前の学びからどのように成長しているか，より深い学びに向かっているかどうかを捉えていくことが必要である。

○また，学習評価については，子供の学びの評価にとどまらず，「カリキュラム・マネジメント」の中で，教育課程や学習・指導方法の評価と結び付け，子供たちの学びに関わる学習評価の改善を，更に教育課程や学習・指導の改善に発展・展開させ，授業改善及び組織運営の改善に向けた学校教育全体のサイクルに位置付けていくことが必要である。

　また，平成31年1月21日に中央教育審議会初等中等教育分科会教育課程部会が取りまとめた「児童生徒の学習評価の在り方について（報告）」（以下，報告という）では，答申における学習評価の定義も受けながら，学習評価の在り方について，"①児童生徒の学習改善につながるものにしていくこと，②教師の指導改善につながるものにしていくこと，③これまで慣行として行われてきたことでも，必要性・妥当性が認められないものは見直していくこと"としています。

学習評価の改善の基本的な方向性

① 児童生徒の学習改善に
　つながるものにしていくこと

② 教師の指導改善につながるもの
　にしていくこと

③ これまで慣行として行われてきた
　ことでも，必要性・妥当性が認め
　られないものは見直していくこと

図2　学習評価の改善の基本的な方向性

⑵観点別学習状況の評価と個人内評価を生徒の学びにつなげる

　「主体的に学習に取り組む態度」の評価において，答申や報告に述べられている学習評価の定義や，学習評価の在り方というものは，単に評定の総括に用いる観点別学習状況の評価だけでなく，個人のよい点や可能性，進歩の状況について評価する個人内評価についても含んでいることに留意する必要があります。

　表4は，中学校美術科の各学年の⑶の目標と，「小学校，中学校，高等学校及び特別支援学校等における児童生徒の学習評価及び指導要録の改善等について（通知）」（平成31年3月29日，文部科学省）別紙に示された「評価の観点及びその趣旨」です。

表4　評価の観点及びその趣旨

学年	「学びに向かう力，人間性等」の目標	評価の観点及びその趣旨（「主体的に学習に取り組む態度」）
第1学年	楽しく美術の活動に取り組み創造活動の喜びを味わい，美術を愛好する心情を培い，心豊かな生活を創造していく態度を養う。	美術の創造活動の喜びを味わい楽しく表現及び鑑賞の学習活動に取り組もうとしている。
第2学年及び第3学年	主体的に美術の活動に取り組み創造活動の喜びを味わい，美術を愛好する心情を深め，心豊かな生活を創造していく態度を養う。	美術の創造活動の喜びを味わい主体的に表現及び鑑賞の学習活動に取り組もうとしている。

　上記の表にある目標と評価の関係を見ると，「評価の観点及びその趣旨」には示されていない文言が，「『学びに向かう力，人間性等』の目標」にあることが分かります。その文言が観点別評価や評定にはなじまず，こうした評価では示しきれないことから個人内評価として評価する対象となります。各学年の目標で個人内評価するものには「美術を愛好する心情」や「心豊かな生活を創造していく態度」があり，教科目標では，さらに「感性」や「情操」などが加わることになります。

　これらの資質・能力は，単に学習活動に働くだけでなく，生涯にわたって美術を好み楽しむことをはじめ，生活における心の潤いと生活を美しく改善していく心や豊かな人間性と精神の涵養に寄与するものです。また，教科としての学びを実生活や実社会とつなげたり，これまで気付かなかった美術の働きがどれほど豊かなものかということを実感することにつなげたりするものでもあります。年間指導計画や題材の計画における学習評価の計画では，「主体的に学習に取り組む態度」の観点別学習状況の評価にのみ焦点を当てるのではなく，生涯にわたって働く資質・能力と関連する「学びに向かう力，人間性等」の個人内評価を一人一人の生徒にどのように返すのか，報告の「学習評価の改善の基本的な方向性」で示されているように，評価が生徒の学びに働き，指導の工夫改善につなげられるよう熟考することが求められます。

3 二つの側面を一体的に見取るために

(1)「主体的に学習に取り組む態度」は,「どこで」見取るのか

　これまで述べてきたように,従前の「関心・意欲・態度」の評価における,挙手の回数やノートの取り方など,性格や行動面の傾向が一時的に表出された場面を捉える評価であるような誤解が払拭し切れていないこともあり,観点の名称を「主体的に学習に取り組む態度」とすることで,「知識及び技能」を習得させたり,「思考力,判断力,表現力等」を育成したりする学習場面とこの観点との関わりの重要性をより明確にしています。

　それでは,「主体的に学習に取り組む態度」を学習活動において「どこで」見取ればいいのかを学習指導要領の指導事項等から考えてみたいと思います。

　令和2年3月に国立教育政策研究所が公表した,「『指導と評価の一体化』のための学習評価に関する参考資料　中学校美術」(以下,評価の参考資料という)では,中学校美術科における各学年の領域,項目,指導事項を基に「内容のまとまりごとの評価規準(例)」を示しています。また,「内容のまとまりごとの評価規準」について以下のように説明しています(pp.14-15)。

　本参考資料では,評価規準の作成等について示す。具体的には,学習指導要領の規定から「内容のまとまりごとの評価規準」を作成する際の手順を示している。ここでの「内容のまとまり」とは,学習指導要領に示す各教科等の「第2　各学年の目標及び内容　2　内容」の項目等をそのまとまりごとに細分化したり整理したりしたものである。平成29年改訂学習指導要領においては資質・能力の三つの柱に基づく構造化が行われたところであり,基本的には,学習指導要領に示す各教科等の「第2　各学年(分野)の目標及び内容」の「2　内容」において,「内容のまとまり」ごとに育成を目指す資質・能力が示されている。このため,「2　内容」の記載はそのまま学習指導の目標となりうるものである。学習指導要領の目標に照らして観点別学習状況の評価を行うに当たり,児童生徒が資質・能力を身に付けた状況を表すために,「2　内容」の記載事項の文末を「～すること」から「～している」と変換したもの等を,本参考資料において「内容のまとまりごとの評価規準」と呼ぶこととする。

　一般的に行われている授業では,表現と鑑賞の「内容のまとまり」を組み合わせた題材が多くあります。次の表5は,評価の参考資料に示された「内容のまとまりごとの評価規準(例)」を基に,第1学年の絵や彫刻などの「感じ取ったことや考えたことなどを基にした表現」と美術作品などの「作品などの鑑賞」に該当する評価規準をまとめたものです。

表5　第1学年の「内容のまとまりごとの評価規準（例）」

	内容のまとまりごとの評価規準（例）	
A表現	「知識・技能」（知識）※B鑑賞も同様	「主体的に学習に取り組む態度」（表現）
	知・形や色彩，材料，光などの性質や，それらが感情にもたらす効果などを理解している。 知・造形的な特徴などを基に，全体のイメージや作風などで捉えることを理解している。	態表・美術の創造活動の喜びを味わい楽しく感じ取ったことや考えたことなどを基にした表現の学習活動に取り組もうとしている。
	「知識・技能」（技能）	
	技・材料や用具の生かし方などを身に付け，意図に応じて工夫して表している。 技・材料や用具の特性などから制作の順序などを考えながら，見通しをもって表している。	
	「思考・判断・表現」（発想や構想）	
	発・対象や事象を見つめ感じ取った形や色彩の特徴や美しさ，想像したことなどを基に主題を生み出し，全体と部分との関係などを考え，創造的な構成を工夫し，心豊かに表現する構想を練っている。	
B鑑賞	「思考・判断・表現」（鑑賞）	「主体的に学習に取り組む態度」（鑑賞）
	鑑・造形的なよさや美しさを感じ取り，作者の心情や表現の意図と工夫などについて考えるなどして，見方や感じ方を広げている。	態鑑・美術の創造活動の喜びを味わい楽しく作品や美術文化などの鑑賞の学習活動に取り組もうとしている。

知＝知識，技＝技能，発＝発想や構想，鑑＝鑑賞，態表　態鑑＝表現，鑑賞の主体的に学習に取り組む態度を示す。

　各題材において「主体的に学習に取り組む態度」の評価を行う時には，題材のそれぞれの時間の学習活動に該当する「知識・技能」「思考・判断・表現」の題材の評価規準と対応させて，より具体的に生徒の「主体的に学習に取り組む態度」における実現状況を見取ることが大切です。例えば上の表5では，発想や構想を練る学習活動において，その学びの実現状況を「発対象や事象を見つめ感じ取った形や色彩の特徴や美しさ，想像したことなどを基に主題を生み出し，全体と部分との関係などを考え，創造的な構成を工夫し，心豊かに表現する構想を練っている」の評価規準を用いて見取るとともに，「態表美術の創造活動の喜びを味わい楽しく感じ取ったことや考えたことなどを基にした表現の学習活動に取り組もうとしている」の評価規準を用いてそれぞれの学習活動の「主体的に学習に取り組む態度」を見取ることになるわけです。

　ただ，評価の見取りを資質・能力を育成する学習場面と関連させれば，妥当性のある「主体的に学習に取り組む態度」が評価できるわけではありません。それは，ここでの評価が「どこ

で」見取るかとともに，「なにを」見取るのかが重要だからです。

⑵「主体的に学習に取り組む態度」は，「なにを」見取るのか

　報告等でこれまでの評価の課題として挙げられている「挙手の回数やノートの取り方などの形式的な活動」というものは，ある意味，生徒の「真面目さ」や「几帳面さ」という側面が強いと考えられます。誤解されては困るのですが，決して「真面目さ」や「几帳面さ」を否定しているわけではありません。「真面目さ」や「几帳面さ」は，学習を進めていく上で基盤となるものの一つであることは間違いないからです。しかし，そのことが目指すべき美術の学習に向かう態度のゴールではなく，その先にある美術科の学習内容を「どう学ぼうとしたのか」ということに対する見取りが重要となります。そのため，「主体的に学習に取り組む態度」の評価が，生徒の学びや指導の工夫改善にしっかりと寄与できるようにするために次のことを確認しておきたいと思います。

　従前の4観点における「関心・意欲・態度」の評価の観点は，美術科では「美術への関心・意欲・態度」としていました。このことは，評価すべきことは，生徒の学習全般に対する関心や意欲，態度ではなく，美術に対する関心や意欲，態度であったことを示しています。つまり，ここでの評価は，学習に対する「真面目さ」や「几帳面さ」だけに留まるものではなく，美術という教科の学びに対して生徒がどのように向き合っているのかを見取ることが重要です。

　具体的には，学習活動を通して，造形的な視点について理解しようとしたり，表現の学習活動において，心豊かな発想や構想を練ろうとしたり，主題を基に，創造的な技能を働かせようとしたりする姿，鑑賞の学習活動において，見方や感じ方を深める中で，自分にとっての意味や価値をつくりだそうとする姿などをしっかりと見取らなければならないということです。

⑶「粘り強い取組を行おうとしている側面」と「自らの学習を調整しようとする側面」―評価の二つの側面―

　前述の表5において「主体的に学習に取り組む態度」と「知識・技能」や「思考・判断・表現」との関係性を見ていくと，例えば，「材料や用具の生かし方などを身に付け」（「知識・技能」（技能））のような粘り強い取組を行う姿が求められるような評価場面がある一方で，「創造的な構成を工夫し，心豊かに表現する構想を練っている」（「思考・判断・表現」（発想や構想））や，「作者の心情や表現の意図と工夫などについて考えるなどして，見方や感じ方を広げている」（「思考・判断・表現」（鑑賞））などのように，学習の進め方について試行錯誤するなど自らの学習を調整しながら学ぶ姿が求められるような評価場面もあります。

　このように美術科の授業における「主体的に学習に取り組む態度」には，「知識及び技能」を獲得したり，「思考力，判断力，表現力等」を身に付けたりすることに向けた粘り強い取組を行おうとしている側面と，そうした粘り強い取組を行う中で，自らの学習を調整しようとする側面という二つの側面を評価することが求められることになります（図3参照）。

図3　二つの側面から見取る

　それでは日々の授業では，常にこの二つの側面を分けて見取る必要があるのでしょうか。

　美術の学習には，生徒一人一人が自分の心情や考えを生き生きとイメージし，それを造形的に具体化する表現の活動と，表現されたものや自然の造形などを自分の目や体で直接捉え，よさや美しさなどを主体的に感じ取り，作者の心情や美術文化などについて考え，見方や感じ方を深める鑑賞の活動とがあります。表現では，生徒自らが強く表したいことを心の中に思い描き，発想し構想を練り，生み出した主題を追求して表現することを重視しています。また，鑑賞では，美術作品などだけでなく，美術が生活や社会において重要な役割を果たしていることを実感できるような学習を充実させることが求められています。

　こうした教科の性質を有している美術科の学習では，自らの学習を全く調整しようとせず粘り強く取り組み続けることや，粘り強さが全くない中で自らの学習を調整することは“美術科の学習指導要領の趣旨やねらいを押さえた授業”であるならば一般的には考えにくいといえます。もし，こうした状況が見られる時には，評価の方法ではなく，授業を見直す必要があると考えられます。それは，生徒が学習活動において，自らの学習を調整するためには，授業において教師によるその必要性がある学習活動や場面が設定されていないと行うことはできないからです。

　美術科における「主体的に学習に取り組む態度」の評価では，粘り強い取組を行おうとしている側面と，そうした粘り強い取組を行う中で，自らの学習を調整しようとする側面という二つの側面が，表現や鑑賞の授業の中で別々ではなく相互に関わり合いながら立ち現れるものだと考えられます。そのため実際の評価においては，これまで述べてきた評価の「どこで」「なにを」を明確にしながら，双方の側面を一体的に見取ることが妥当であるといえます。

4 多様な評価の方法

(1)「主体的に学習に取り組む態度」の評価の方法の考え方

　美術科の評価の方法には，活動の様子の観察や，発言の内容の記録，ワークシート，アイデアスケッチ，制作途中の作品，完成作品，ペーパーテストなど多様な方法が考えられます。これはどの観点の評価でも同様でありますが，生徒の実現状況に対して教師の見取りやすさだけが優先されるのではなく，的確に観点の趣旨の実現状況が見取れる方法を考えることが求められます。また，本章の「2　観点別学習状況の評価と個人内評価」で述べた，学習評価の改善の基本的な方向性の3つを意識し，見取った評価を，生徒の学習改善や，教師の指導改善に生かすことができるような方法を考えなければいけません。

　ここで，教師が生徒に対して"何をもって「主体的に学習に取り組む態度」を評価しているのか"について説明する場面を想像してみましょう。例えば，それが主に完成作品やペーパーテストで見取っているとしたら，また，いつも授業の最後の方に記述しているワークシートの内容だけで判断しているとしたら，生徒は「主体的に学習に取り組む態度」についてどのように捉えるでしょうか。また，その方法で見取った評価は，その後の生徒の学習改善や，教師の指導改善に生かすことができるのでしょうか。

　これまでも，美術科の授業における「主体的に学習に取り組む態度」では，表現及び鑑賞の活動を通して，造形的な視点や創造的に表す技能を獲得したり，発想や構想や鑑賞に関する資質・能力を身に付けたりすることに向けた粘り強い取組を行おうとしている側面と，そうした粘り強い取組を行う中で，自らの学習を調整しようとする側面という二つの側面を評価するものであることは述べてきました。評価の方法についてもこれらの考え方の上に立って，無理なく見取ることができ，効果的で妥当性のある方法を検討することが大切です。

(2)基本は学習活動の様子を見取ること

　表現や鑑賞の活動が，学びの手段であり授業の基盤にある美術科において「主体的に学習に取り組む態度」を「指導と評価の一体化」の観点から考えた時に，まず重視すべき評価の方法の一つは，実際に生徒の学習活動に向かう様子を見取ることでしょう。授業の中で生徒一人一人の学習に向き合う姿を見取ることは，美術科の「主体的に学習に取り組む態度」の基本であるといえます。ただ，「主体的に学習に取り組む態度」は，漠然と生徒を見て評価できるものではありません。また，学校によって1クラスの生徒数にはかなり幅があるため，生徒の活動の様子を見取るためにはいくつか留意しなければならないことが考えられます。

　「小学校，中学校，高等学校及び特別支援学校等における児童生徒の学習評価及び指導要録の改善等について（通知）」（平成31年3月29日，文部科学省）別紙においては，学習指導要領

に示す各教科の目標に照らして，その実現状況を観点ごとに評価し，「十分満足できる」状況と判断されるものをA，「おおむね満足できる」状況と判断されるものをB，「努力を要する」状況と判断されるものをCのように区別して記入する旨が示されています。

　図4は，学習活動の時間と生徒の学習の実現状況の関係を示した図です。中学校で各学校が行う題材には，内容に応じて様々な時数が設定されていますが，この図では，5時間や5次まであるような題材のイメージを例として示しています。

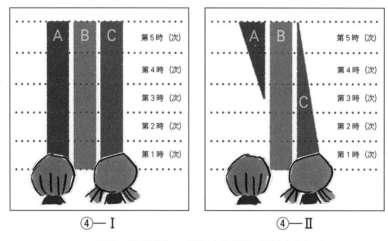

図4　学習活動の時間と実現状況の関係を考える

　「思考・判断・表現」の発想や構想に関する評価であれば，基本的には発想や構想を練る学習場面を見取り評価することになるし，鑑賞に関する評価であれば鑑賞の学習場面を見取ることになります。しかし，「主体的に学習に取り組む態度」については，全ての学習活動と関連があることや，学習活動に対する主体的な態度の高まりや継続性が重要であるため，単発的に見取るのではなく題材における全ての時間を通して見取ることになります。

　目標や内容，評価の観点等にもよりますが，一般的にある程度の時数を設定している題材において観点別学習状況の評価を行う際，生徒の学習の実現状況を示すA，B，Cが，必ずしも最初から終わりまで毎時一律に現れてくるものではありません。つまり，多くの題材の場合，「④―Ⅰ」の図のように最初の第1時（次）からAと判断される生徒が現れるのではなく，「④―Ⅱ」の図のように題材が始まってしばらくは主に「おおむね満足できる」と判断される状況のBの生徒と，「努力を要する」状況と判断されるCの生徒が見られることが考えられます。また，題材の後半になってくると様々な創意工夫や試行錯誤の中で「十分満足できる」状況と判断されるAの生徒を見取れるようになってきます。

　例えば次の「④―Ⅲ」の図のような場合，④の時間に当たる第1時（次）～第2時（次）ぐらいまでは，授業において一人一人の生徒を「Aか，Bか，Cか」というような見取り方ではなく，Bの「おおむね満足できる」と判断される状況の評価規準を判断の基準とし，それに対して「努力を要する」状況と判断されるCの生徒を中心に見取り，Bの状況になるように指導

をすることが中心となります。また，後半の時間に当た
る⑦の，第3時（次）〜第5時（次）では，「十分満足
できる」状況と判断されるAの生徒も見られるようにな
るため，その段階でなおCの生徒の指導を継続しながら，
特に程度の高い状況が見られる生徒を記録するなどが考
えられます。

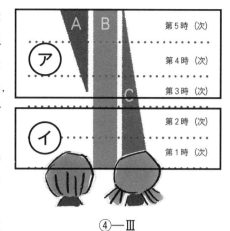

④—Ⅲ

　このように題材の過程における生徒の学びの推移をあ
る程度考えることで，生徒の実現状況が見取りやすくな
るだけでなく，評価が指導の工夫改善につながります。
そのため，活動の様子を見取る際には，前述したように
漠然と見取るのではなく，題材の目標や内容に応じて学習の過程における生徒の学びの高まり
を勘案しながら評価計画を立てることが必要です。

⑶継続性を重視する

　授業の中で，最初は興味や関心がなかった生徒が，試行錯誤していくうちに徐々に意欲が高
まっていき，自分で様々な方向性を探ってみたり，創意工夫を重ねたりするなど主体的に取り
組むようになる姿は珍しくありません。美術科の「主体的に学習に向かう態度」の評価では，
授業の過程における単発的な高まりよりも，こうした継続的な高まりを重視したいものです。

　表6は，評価の記録の例です。
本例では，最初の2時間は，「努
力を要する」状況と判断される生
徒を中心に見取り，指導を行った
が，その時間では「おおむね満足
できる」と判断される状況に至ら
なかった生徒を「c」として記録
に残しています。後半の3時間は，

表6　継続的な高まりを見取る評価の記録の例

氏名	10/5	10/12	10/19	10/26	11/2
○○　太郎	c				
○○　次郎				a	
○○　花子	c	c			c
○○　文子					
○○　三郎			a	a	a
⋮	⋮	⋮	⋮	⋮	⋮

「十分満足できる」状況と判断される生徒も「a」として記録に残しています。未記入の所は全
て「おおむね満足できる」と判断される状況としています。

　これまでも述べてきたように，毎時間，一人一人の生徒を「Aか，Bか，Cか」というよう
に見取るのではなく，その時間に設定された評価規準に基づき，「おおむね満足できる」状況
を判断の基準として，「④—Ⅲ」の図のように予測を立てながらポイントを絞って学習活動の
様子を見取るようにすれば，1クラスの生徒数が多い場合でも指導をしながらある程度見取る
ことができると考えられます。

　表6のような記録についても，それぞれの授業の内容に応じて，その時間の最後まで「努力

を要する」状況が改善されない生徒や，後半には「十分満足できる」状況と判断される生徒を記録し，それ以外の生徒は全て「おおむね満足できる」と判断される状況の生徒とすればいいでしょう。その際，評価に意識が行き過ぎて，指導がおろそかにならないようにします。評価は，単にできているかどうかだけをチェックするためのものではなく，指導と評価は一体的に扱われた時に効果を発揮します。教師が評価規準を通した生徒の学びのイメージをしっかりともつことは，授業における生徒の学びを把握でき，適切な指導に結び付いていきます。だからこそ，次回の授業では，特に前回の授業でCと記録されている生徒を確認し，この生徒を「おおむね満足できる」と判断される状況にするための方策を考え，次の授業の指導の工夫や改善を図ることが大切です。このことにより学習評価が生徒の学びに働くことになるのです。最終的な「主体的に学習に取り組む態度」の評価の総括の方法は，題材によって各時間の重みも違うことから様々な方法が考えられますが，先述したように授業の過程における単発的な高まりではなく，題材を通した継続的な高まりを重視して総括することが望ましいでしょう。

⑷ワークシート等を活用する

　ここまで，活動の様子を見取る工夫について述べてきましたが，制作カードや，振り返りシートなどのワークシート等も工夫次第では，生徒の主体的な学びの見取りに有効に働く方法の一つとなります。ただ，活動の様子を見取る方法は，多面的に見取れることが多いですが，ワークシート等の記述は，どうしても一面的になりやすいため，活動の様子を基に，ワークシートの記述を補完的に組み合わせて評価に活用することが考えられます。また，ワークシート等は，本来，生徒の学習を支援したり，より深めたりするためにあるものであり，生徒を評価するためにあるものではないことから，目的が本末転倒となってしまわないように留意します。

　ワークシート等を「主体的に学習に取り組む態度」の評価の方法として効果的に活用する鍵は「設問の質」です。よくワークシート等に「感想」を記述させることがありますが，「感想」とはあくまで自由記述であり，評価に使うという視点から見ると妥当性があるとは言いがたい場合が多いと思われます。また，ワークシートの設問を全て評価しなければならないわけではないので，題材で設定された「知識及び技能」や「思考力，判断力，表現力等」の学習に対してどのように向かっていこうとしたのかを記述させる設問を位置付けることが大切です。こうした記述からは，授業中の活動の様子からだけでは見取れていなかった生徒の実現状況が補完できるようになり，より妥当性や信頼性の高い評価につながっていくことになります。

　報告では，学習評価の在り方について，"これまで慣行として行われてきたことでも，必要性・妥当性が認められないものは見直していくこと"としていることから，これまで行ってきた評価の方法だけに固執するのではなく，ICT機器なども活用しながら，妥当性があり，かつ無理なく評価できる方法を常に考えていくことが大切です。

5　指導に生かす評価と総括に用いる評価

(1)評価の活用

　学習評価には，学習指導のねらいが生徒の学習状況として実現されたかについて，評価規準に照らして観察し，指導に生かす評価（いわゆる形成的な評価）や，評価の計画の下に得た，生徒の観点別学習状況の評価について記録を残し総括する評価（いわゆる総括的な評価）があります。学習評価を効果的に進めるに当たっては，これら二つの評価のもつ性格を理解しておくことが重要です。

　本書の第2章には，各領域の「主体的に学習に取り組む態度」の事例を掲載しています。図5は，その一例です。各事例の「指導と

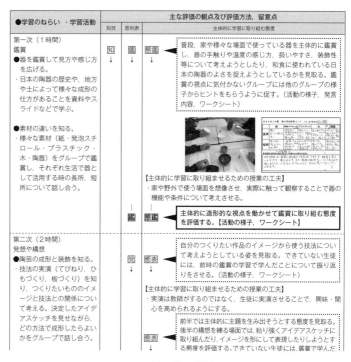

図5　第2章の事例より

評価の計画」では，「主な評価の観点及び評価方法，留意点」において，「生徒の学習の実現状況を見取り，生徒の学習の改善や教師の指導の改善につなげるなどの指導に生かす評価」（以下，指導に生かす評価という）と，記録に残し「題材の観点別学習状況の評価の総括に用いる評価」（以下，総括に用いる評価という）を明示しています。

(2)指導に生かす評価

　報告の学習評価の改善の基本的な方向性にも示されているとおり，学習評価については，日々の授業の中で生徒の学習状況を適宜把握し，指導の改善に生かすことに重点を置くことが重要です。その大きな役割を果たすのが，指導に生かす評価です。図5の事例に示した評価規準を表す記号などについては図6で説明しています。例えば，事例の第一次では，見方や感じ方を広げる学習活動の段階から始まる指導に生かす評価である態鑑を，図6の右側に示す破線の矢印----------▶のように，その後の素材の違いを知る学習活動が終わった段階の総括に用いる評価である態鑑までの間，継続して，指導に評価を生かすことを想定して設定しています。設定した題材の評価規準を効果的に指導に生かすためには，「主体的に学習に取り組む態度」

の評価規準とともに，その学習時間と関連する「知識・技能」や「思考・判断・表現」の評価規準のBの実現状況も明確にしておくことが重要です。指導に生かす評価では，毎時の学習活動における生徒の様子を「やっているかどうか」ではなく「学べているかどうか」で見取ることが大切です。「おおむね満足できる」状況と判断されるBは，CやAの判断の基準ともなるため，Bの状況を明確にすることが，各時間の学習活動においてCの「努力を要する」状況

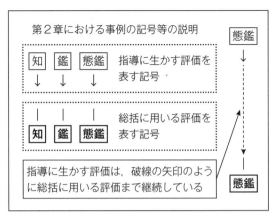

図6　事例の記号等の説明

等の生徒を見取ることを容易にすることにつながります。そしてこのことが評価を毎時の学習活動の指導に生かすことにつながっていくのです。指導に生かす評価は，言葉どおり，評価の見取りを指導に生かすことが目的ではありますが，「主体的に学習に向かう態度」の評価は，題材を通した継続的な高まりについて見取ることが望ましいことから，本章「4　多様な評価の方法」で述べたとおり，指導に生かす評価で見取った生徒の学習活動に対する主体的な態度の高まりや継続性を，総括する評価にも生かせるようにすることも大切です。

(3)総括に用いる評価

　美術科における「主体的に学習に取り組む態度」の評価の総括には，題材ごとの観点別学習状況としての実現状況を総括するものと，学期末や学年末などに行われることが多い評定の5段階に総括するものが考えられます。総括に用いる評価の考え方についても，これまでも述べてきたように，単発的な高まりではなく，資質・能力を身に付けたりすることに向けた粘り強い取組を行おうとしている側面と，そうした粘り強い取組を行う中で，自らの学習を調整しようとする側面という二つの側面に対する継続性を重視して総括することが望ましいと考えられます。これまで，本章で述べてきたことから総括に用いる評価の留意点は，以下の通りです。

① 「主体的に学習に取り組む態度」の評価について「知識・技能」「思考・判断・表現」の観点と併せて「どこで」「なにを」見取るのかを評価計画の段階で検討する。
② 学習活動の見取りを重視し，活動の内容に応じて，粘り強い取組を行おうとしている側面と，そうした粘り強い取組を行う中で，自らの学習を調整しようとする側面という二つの側面から見取り，指導に生かす評価を効果的に生かしながら，必要に応じて記録に残す。
③ 継続性を重視し，ワークシート等も併用しながら，観点別や評定への総括を行う。

　生徒の主体的に学習に向かう姿は，多様なものが考えられるため，固定的な見取りに終始することなく，個人内評価も大切にしながら，学習評価を進めていくことが求められます。

6 1人1台端末の活用

⑴ 1人1台端末を活用することによる効果に基づいた授業の構想

　令和元年に中央教育審議会初等中等教育分科会より示された「新しい時代の初等中等教育の在り方　論点取りまとめ」においては，「これからの時代に求められる資質・能力を育成，深化し，子供の力を最大限引き出すためには，児童生徒1人1台の学習者用コンピュータをはじめとしたICT環境の整備は待ったなしである」との言及がなされました。このような学校教育のデジタル化に関する議論の加速を背景として，いわゆるGIGAスクール構想に基づいた取組が推進されてきたことは周知のとおりです。特に教科学習を充実させていくという側面からは，ICT環境を適切に活用することによって，下記のような質的な改善等を図る必要があることについても指摘されています（「『令和の日本型学校教育』の構築を目指して～全ての子供たちの可能性を引き出す，個別最適な学びと，協働的な学びの実現～（答申）」（2021年1月26日，中央教育審議会）より一部を抜粋して引用。下線は筆者による）。

　　　○これからの学校教育においては，子供がICTも活用しながら自ら学習を調整しながら学んでいくことができるよう，「個に応じた指導」を充実することが必要である。

　　　○子供がICTを日常的に活用することにより，自ら見通しを立てたり，学習の状況を把握し，新たな学習方法を見いだしたり，自ら学び直しや発展的な学習を行いやすくなったりする等の効果が生まれることが期待される。

　これらの学びの主体性をめぐる指摘から，1人1台の端末を美術科の学習活動において活用することによる効果を解釈すると，次のような学習場面での活動例が考えられます。

　　　・「A表現」または「B鑑賞」の学習活動のはじめにウェブブラウザを活用した情報検索を行うことを通して，主体的に「知識及び技能」を獲得するための学びの見通しを立てる。

　　　・「A表現」の学習過程において発想や構想をしたことを他者とネットワーク上で共有することを通して，自身の学習状況を把握するとともに，さらにどのような学びが自身に必要なのかを理解する。

　　　・「B鑑賞」の学習活動において生徒が広げ（深め）ることができた見方や感じ方をプレゼンテーションすることを通して，自身が美術作品等について粘り強く「思考力，判断力，表現力等」を発揮してきたかどうかについて自覚する。

　デジタルデバイスを教科学習に導入する意義やメリットはいくつか考えられますが，上記の3点は美術科での学びをより主体的なものにすると考えられる効果について例示したものです。本書のテーマである「主体的に学習に取り組む態度」の評価に関して検討するためには，まずは1人1台端末を活用することによって，美術科の学習に対する生徒のどのような姿勢や意思等を育成する授業とするのかについて構想することが重要であるといえるでしょう。

⑵中学校美術科における１人１台端末の活用例と「主体的に学習に取り組む態度」の評価

　本項では，美術科の学習で活用することができるデジタルデバイスのいくつかの機能や使用できるソフトウェア等に着目し，その効果と評価方法の事例について紹介します。

①撮影機能・画像編集機能を活用した学習における評価事例

　携帯性にすぐれたカメラ付きのタブレット端末では，撮影した画像をその場で鑑賞することができるので撮影（表現活動）と閲覧（鑑賞活動）を一体的に学習活動に取り入れることができます。この撮影機能を活用すると，写真の撮影・編集を通した映像メディアによる表現としての題材設定が可能です。

　図7は，現代美術作品を鑑賞した後に生徒が自身の靴を撮影・編集し，学級全員のタブレット端末を組み合わせて配置した共同による表現の様子です。この題材では，靴をどんな構図・アングルで見せるのか，どのようにして画像を並べると効果が表れるのか等について考えながら撮影したり編集したりする等の粘り強い取組を行う生徒の活動の様子から「主体的に学習に取り組む態度」を評価する

図7　タブレット端末を使った共同で行う創造活動

ことが考えられます。写真を通して何を表現したいのかというよりよい表現の追求が行われず，単に被写体を大きく撮影するだけの作業になっていないかを見取り，必要に応じて他者や指導者と撮影・編集の意図について話し合う場を設けるなどの手立てを講じる必要があります。以下に示すのは，そのような見取りによる暫定的な評価を踏まえた総括に用いる評価についての評価方法の一例です。

> 態表　タブレット端末での映像メディア表現に楽しく取り組み，形や色彩，余白や空間の効果や全体のイメージで捉えることを理解しようとし，よりよい表現を追求するために意図に応じて工夫しながら粘り強く撮影や画像編集をしようとする態度を評価する。【活動の様子，完成した画像】

②ウェブブラウザを活用した学習における評価事例

　美術科の学習活動において，生徒が情報収集のためにウェブブラウザを用いてインターネット検索を行う等の活用例が考えられます。ただしウェブブラウザによるインターネット検索は，一度に得られる情報が多様で大量になる傾向があることから，学習目標に沿った活用とするためには検索の対象を限定するなどの環境設定の工夫が必要となります。

　そこで，下記のようなオンラインサービスを活用することによって，生徒が自分なりのテーマで複数の作品等を選び，ウェブサイト上で「コレクションする」「私の展覧会を企画する」等の活動を通した鑑賞を行うことが可能です。

【国立美術館の所蔵作品を活用するウェブサイト「鑑賞素材BOX」】
・5つの国立美術館の所蔵品から様々なジャンルの作品画像と解説等を閲覧することができる
・自分なりのテーマで選んだ画像を「選択」し，ワークシートとして出力することができる

【国立博物館が所蔵する国宝・重要文化財を閲覧できるウェブサイト「e国宝」】
・4つの国立博物館が所蔵する国宝・重要文化財の画像と解説を閲覧することができる
・自分なりのテーマで選んだ画像を「保存」し，スライドショーとして鑑賞することができる

【Google LLCが提供するウェブサイト「Google Arts & Culture」】
・世界の美術館・博物館等の所蔵品を閲覧することができる
・自分なりのテーマで選んだ画像を「お気に入り」にし，ウェブサイト上に「ギャラリー」を作成することができる（作成した「ギャラリー」の公開・共有も可能）

　使用するオンラインサービスによっては，生徒が作成した「コレクション」にタイトルをつけたり説明を記述したりすることができるものがあります（記述できない場合はワークシートを活用します）。この記述を「主体的に学習に取り組む態度」の評価の資料として活用するためには，「学びの中でどんな試みや工夫をしてコレクションをつくってきたのかについて記述しましょう」等，自身の学習をどのように調整しようとしたのかについて振り返ることができるよう，具体的な問いを設定することが必要だと考えられます。このようなウェブサイト等への記述を含めた評価方法としては，下記のような例があげられます。

> 態鑑 主体的に幅広い作品を鑑賞し，形や色彩などの効果や全体のイメージ，作風で捉えることを理解しようとし，美術作品などの造形的なよさや美しさを感じ取ろうとしたり，主題に基づいた表現の工夫などについて考えようとしたりしているかを評価する。【活動の様子，ウェブサイト・ワークシート等への記述】

③学習支援ソフトウェアを活用した学習における評価事例

　授業での使用を目的とした各種の学習支援ソフトウェアが開発・提供され，美術科の学習活動においても幅広く活用されています。同ソフトウェアを活用することで，生徒が考えたことを視覚的にタブレット端末上で整理してまとめたり，整理された考えを即時的に発表・共有したりする等の学習活動を効果的に行うことができるようになりました。図8は，自然物をデザインした装飾を取り入れた木皿を制作する活動のまとめとして，学習支援ソフトウェアを用い

図8　学習支援ソフトを使って自身の表現を振り返る

て自身の表現活動を振り返るための記述が行われている様子です。この記述に際しては，それまでの学習過程で創意工夫したことや自身の粘り強い取組について文章化するよう指示をして

おきます。「主体的に学習に取り組む態度」の評価を行う際に，この記述を資料として補完的に活用することによって，見取りをより確実性の高いものにすることができます。以下に，活動の様子および完成作品に加えて学習支援ソフトウェアへの記述を資料として総括的に評価する際の評価方法を一例として示します。

> **態表** 装飾を取り入れた木皿の制作に主体的に取り組み，形や色彩，材料，構成の美しさなどの効果や全体のイメージで捉えることを理解しようとし，主題に応じて試行錯誤して表そうとしたり見通しをもって表そうとしたりする態度を評価する。【活動の様子，完成作品，学習支援ソフトウェアへの記述】

(3) 「主体的に学習に取り組む態度」に関する評価の充実に向けて

　ここまで，１人１台端末を美術科の学習に導入することによって何を育成する授業とするのかについて構想することの必要性と，美術科の学習活動における活用と評価の事例について触れてきました。美術科の学習において，生徒が「知識及び技能」の獲得や，「思考力，判断力，表現力等」を発揮するためのツールとしてデジタルデバイスを活用するのであれば，そのプロセスで生徒が見せる姿や表現されたもの，記述されたものには学びに対する姿勢や意思等が表れると考えられます。ICT環境の導入によってもたらされる学びへの効果について指導者が体験的に理解しておくこと，新しい機能やソフトウェアの使用に対して生徒とともに関心をもって取り組んでみること等は，見取りの視点を充実させることに有効であるといえます。

※第１章は，１〜５を東良雅人が執筆し，６は竹内晋平が執筆しました。３・４のイラストは久保周史が作成しました。

【引用・参考文献】
・「中学校学習指導要領（平成29年告示）解説　美術編」（平成29年７月）文部科学省
・「『指導と評価の一体化』のための学習評価に関する参考資料　中学校美術」（令和２年３月）国立教育政策研究所
・「幼稚園，小学校，中学校，高等学校及び特別支援学校の学習指導要領等の改善及び必要な方策等について（答申）」（平成28年12月21日）中央教育審議会
・「小学校，中学校，高等学校及び特別支援学校等における児童生徒の学習評価及び指導要録の改善等について（通知）」（平成31年３月29日）文部科学省
・「児童生徒の学習評価の在り方について（報告）」（平成31年１月21日）中央教育審議会初等中等教育分科会教育課程部会
・「新しい時代の初等中等教育の在り方　論点取りまとめ」（令和元年12月）中央教育審議会初等中等教育分科会
・「『令和の日本型学校教育』の構築を目指して〜全ての子供たちの可能性を引き出す，個別最適な学びと，協働的な学びの実現〜（答申）」（令和３年１月）中央教育審議会
・「鑑賞素材ＢＯＸ」平成28-30年度科学研究費助成事業研究基盤研究（B）「美術館の所蔵作品を活用した探求的な鑑賞教育プログラムの開発」（研究代表者：一條彰子（東京国立近代美術館））
・「e国宝」企画：文化財活用センター，コンテンツ制作：東京国立博物館・京都国立博物館・奈良国立博物館・九州国立博物館・奈良文化財研究所
・「Google Arts & Culture」Google LLC

第 ②章

the second chapter

「主体的に学習に
取り組む態度」の
評価事例

絵

見付けてみよう
自分だけの小世界

1 題材の目標及び評価規準

(1)・形や色彩，光などが感情にもたらす効果や，造形的な特徴などを基に，切り取った風景の世界観などを全体のイメージで捉えることを理解する（している※）。

　・絵の具の生かし方などを身に付け，意図に応じて工夫して表す（している）。

　・絵の具の特性などから制作の順序などを考えながら，見通しをもって表す（している）。

(2)・身近な風景を見つめ，感じ取ったことや考えたことなどを基に，見る角度や距離，視点を変えるなどして主題を生み出し，撮影やスケッチをしながら，効果的に表現するための構図などを考え，創造的な構成を工夫し，心豊かに表現する構想を練る（っている）。

(3)・美術の創造活動の喜びを味わい，感性を豊かにし※，楽しく感じ取ったことや考えたことなどを基にした表現及び鑑賞の学習活動に取り組む（もうとしている）。

　　　　　　　　※文末の（ ）内は，評価規準としての文言。＿＿の箇所は，個人内評価として扱うものを示す。

2 題材の目標と学習指導要領との関連

第1学年

「A表現」(1)ア　（思考力，判断力，表現力等：発想や構想に関する資質・能力）

　(ア)　対象や事象を見つめ感じ取った形や色彩の特徴や美しさ，想像したことなどを基に主題を生み出し，全体と部分との関係などを考え，創造的な構成を工夫し，心豊かに表現する構想を練ること。

「A表現」(2)ア　（知識及び技能：技能に関する資質・能力）

　(ア)　材料や用具の生かし方などを身に付け，意図に応じて工夫して表すこと。

　(イ)　材料や用具の特性などから制作の順序などを考えながら，見通しをもって表すこと。

「B鑑賞」(1)ア　（思考力，判断力，表現力等：鑑賞に関する資質・能力）

　(ア)　造形的なよさや美しさを感じ取り，作者の心情や表現の意図と工夫などについて考えるなどして，見方や感じ方を広げること。

〔共通事項〕(1)　（知識及び技能：造形的な視点を豊かにするための知識）

ア　形や色彩，材料，光などの性質や，それらが感情にもたらす効果などを理解すること。

イ　造形的な特徴などを基に，全体のイメージや作風などで捉えることを理解すること。

3　指導と評価の計画（10時間）

●学習のねらい　・学習活動	主な評価の観点及び評価方法，留意点		
	知技	思判表	主体的に学習に取り組む態度
第一次（4時間） 鑑賞と発想や構想 ●作品を鑑賞し，生み出した主題を基にして絵で表現することについて見方や感じ方を深める。 ・作品の鑑賞により，作品から受ける印象を発表し合ったり，想像した主題を話し合ったりする。	知 ↓	鑑 ↓	態鑑 ↓　◀ 作者の表現の意図と創造的な工夫などについて考えることなどができているかどうかや，主体的に活動に取り組む態度を見取る。できていない生徒に対しては再度作品の部分を示して見つめさせたり，具体例を示したりするなどの指導を行う。(活動の様子，発言の内容) 【主体的に学習に取り組ませるための授業の工夫】 ・一斉の形式で活動させたり，小グループで話し合わせたりを繰り返すことで，些細な気付きでも発表しやすい雰囲気をつくる。
●視点を工夫しながら身近な風景を撮影し，切り取った風景から表現したい主題や世界観を想像する。 ・校地内を歩き回って撮影し，クローズアップやトリミングで風景を創意工夫して切り取りながら，主題のイメージを膨らませる。 ●主題を生み出す。 ・自分のイメージに合った写真を選びながら，簡単な加工をすることで，表したい世界観を確認しながら主題をさらに明確にしていく。 ●主題を基に構想を練る。 ・生み出した主題を基に，造形的な視点を働かせ，撮影した風景を画面にどう収めるか考えながら，創造的な構成を工夫し構想を練る。	 発 ↓ ｜ 発	態表 ↓　◀ 主体的に主題を生み出し，創造的な構成を工夫しようと取り組み続ける態度を見取る。できていない生徒には，他の生徒の工夫を紹介したり，教師が撮影した写真を見せて主題の具体例を示したりするなどの指導を行う。(活動の様子，ワークシート，アイデアスケッチ) 【主体的に学習に取り組ませるための授業の工夫】 ・事前に教師自身も同じ場所で撮影をしておき，数多くの具体例を示すことにより，生徒自身が撮影や構想のイメージをしやすいようにする。 ｜ 態表　◀ 主体的に活動に取り組み，形や色彩，光などの効果や全体のイメージで捉えようとし，生み出した主題をよりよく表現するために改善を図りながら構想しようとする態度を評価する。【活動の様子，ワークシート】

第二次（5時間） 制作 ●よりよく主題を表現するために，表現方法を工夫しながら，水彩絵の具で表す。 ・第一次でまとめた構想を基に，構図を工夫し，水彩絵の具や筆などの使い方を工夫して画用紙に表す。また，制作途中に随時鑑賞の機会を設け，他者の表現の工夫から受けた刺激を自分の制作に生かしながら，作品の完成へと向かう。	技 ↓	発 ↓	態表 ↓	主題や構想を基に，様々な表現方法を試行錯誤しながら，意欲的に工夫して表現しようとしているかなどの態度を見取る。できていない生徒には，作品例を示したり，表現技法例を紹介したりなどすることで，挑戦してみようという意欲を高めるような指導を行う。（活動の様子，制作途中の作品） 【主体的に学習に取り組ませるための授業の工夫】 ・共有クラウドに，参考作品の画像や参考となる表現技法例を保存しておき，いつでも見て参考にできる状態にしておく。また随時これを更新して新たな情報を提供し続けることで，刺激され自分から工夫してみようという意欲を喚起し続ける。
	知技	発	態表	様々なことに挑戦しながら楽しく制作に取り組み，造形の要素の効果や全体のイメージで捉えることを理解しようとし，意図に応じて工夫して表そうとしている態度を評価する。【活動の様子，完成作品】
第三次（1時間） 鑑賞 ●生徒の作品を相互鑑賞し，作者の心情や表現の意図と工夫などについて考え，見方や感じ方を広げる。 ・完成したお互いの作品を鑑賞し，作品から感じたことや考えたことを説明し合う。	知 ↓	鑑 ↓	態鑑 ↓	作品の造形的なよさや美しさを感じ取り，作者の心情や表現の意図と工夫などについて考えようとしているかなど，活動に取り組む態度を見取る。できていない生徒には，主題や作品カードの作者の言葉から再度作品を見つめさせるなどの指導を行う。（活動の様子，発言の内容，ワークシート） 【主体的に学習に取り組ませるための授業の工夫】 ・作品完成後，自身の思いや制作の意図などを記述する「作品カード」を作成させ，鑑賞の際には作品とともにそのカードを見ることができるようにしておく。
	知	鑑	態鑑	楽しく作品を鑑賞し，形や色彩，光などの効果や全体のイメージで捉えることを理解しようとし，造形的なよさや美しさを感じ取ろうとしたり，作者の心情や表現の意図と工夫などについて考えようとしたりしているかどうかを評価する。【活動の様子，ワークシート】

※知＝知識，技＝技能，発＝発想や構想，鑑＝鑑賞，態表，態鑑＝表現，鑑賞に関する主体的に学習に取り組む態度を示す。また，主な評価の観点の表記で態表や態鑑などは，生徒の学習の実現状況を見取り，生徒の学習の改善や教師の指導の改善につなげるなどの指導に生かす評価を示し，太字の態表や態鑑などは，題材の観点別学習状況の評価の総括に用いる評価を示す。

4 「主体的に学習に取り組む態度」の指導と評価の流れ

　本事例に該当する第1学年では，「評価の観点及びその趣旨」において「美術の創造活動の喜びを味わい楽しく表現及び鑑賞の学習活動に取り組もうとしている」としており，授業では，身近な風景から表したいことを見付けようとしたり，作品から作者の心情や表現の意図を感じ取ろうとしたりするなど本題材のねらいに照らし合わせて生徒の実現状況を見取ることが求められます。ここでの「楽しく」とは，単に表面的な楽しさだけではなく，夢や目標の実現に向けて追求し，自己実現していく充実感を伴った喜びのことです。そのため第1学年の「主体的に学習に取り組む態度」の評価では，生徒自らが学習の目標を明確にもち，その実現に向けて主体的，意欲的に取り組む学習の過程を大切にすることに留意します。

① 態鑑 （第一次：前半）

　第一次前半では，作品と楽しく関わりながら，作者の表現の意図と創造的な工夫などについて考えることなどができているかどうかや，主体的に活動に取り組んでいる態度を見取ります。ここでは参考作品に表現されている形や色彩，光などの工夫に着目できず造形的な視点について理解しようとする意欲が見られない生徒を把握することに重点を置き，それらの生徒が把握できた場合は，小グループでの話し合い活動に切り替えて机間指導をし，その際に再度作品の部分を示して見つめさせたり，具体例を示したりするなどの指導を行います。

② 態表 （第一次：後半）

　第一次後半では，造形的な視点を意識しながら楽しく撮影をしたり，選んだり，編集したりしながら，よりよい主題を生み出そうとする意欲や態度を見取ります。撮影は安全面に配慮しながら範囲を指定して，教師はその範囲内を巡回しながら，できる限り全員の様子を観察するよう心がけます。撮影が捗っていない生徒には，視点を工夫する例を示したり，教師が撮影した写真を見せたり，その際に工夫したことを伝えたりして意欲を高めるよう指導します。

　後半の，写真を選んだり編集したりしながら主題を生み出す活動においては，創造的な構成を工夫しようと取り組み続ける態度を見取ります。ここでは，楽しく心豊かに表現する構想を練ろうとする発想や構想への意欲や態度を高めることが重要なので，他の生徒の工夫を紹介したり，行き詰まっている生徒がいると感じた際には，「鑑賞タイム」や「相談タイム」を設定し，他の生徒と関わらせるなどお互いに刺激を与え合う活動も随時設ける工夫をします。

　終盤では，生徒が造形的な視点を意識しながら生み出した主題をよりよく表すために心豊かに構想しようとしている意欲や態度を見取ります。第一次を通して，よりよい発想や構想を目指して改善を繰り返したり，継続して意欲的に取り組んだりする姿などを評価しておきます。

次の生徒の撮影の際の改善例では，造形的な視点を工夫しながらよりよく表現しようと，粘り強く取り組んだり，自己調整を図ったりしている姿が見取れます。本題材のような感じ取ったことや考えたことなどを基に表現する学習においては，活動中に改善した過程や生徒のワークシートの記述などを読みながら，改善のプロセスを丁寧に読み取ることが大切です。

生徒の撮影の際の改善例

コンクリートの穴を覗き込んで撮影しました。最初は松ぼっくりに注目して撮ったのですが，絵に表す時に松ぼっくりよりも，トンネルみたいに見える景色をメインに描いた方が面白い気がして2枚目の写真を撮りました。でも，奥の光を強調した方が，「明るい未来が待っている感じ」を表現できる気がしてきたので3枚目の写真を選びました。

生徒のワークシートの記述例

③態表 （第二次）

第二次では，主題や構想を基に，水彩絵の具の様々な表現方法を試行錯誤しながら，意欲的に工夫して表現しようとする態度を高めることが重要です。そのため，前半は，制作への意欲がもてない生徒を中心に把握し，意図に応じて創造的に表そうとするなど楽しく取り組めるように留意しながら指導をします。また，造形的な視点について意識できていない生徒については視点の工夫例を示すなど，関心や意欲が高まるようにします。

中盤から終盤では，生徒が楽しく制作に取り組み，造形的な視点を意識しながら技能を働かせて工夫して表そうとしている態度を見取ります。意欲的に活動ができていない生徒には，参考になるように作品例を示したり，水彩絵の具の表現技法例を紹介したりすることで，面白そうだから挑戦してみたいという意欲を高めるような指導の工夫をします。

制作の段階では，よりよい表現を目指して試行錯誤する姿や，知識や技能を身に付けようと継続的に意欲を発揮している姿などを評価することが大切となります。

④態鑑 （第三次）

第三次では，生徒が作品の造形的なよさや美しさを感じ取り，作者の心情や表現の意図と工

夫などについて考えるなどして，楽しく見方や感じ方を広げようとしていく意欲や態度を高めることが重要です。評価は，生徒が他者の作品を鑑賞する様子や記入したワークシートなどを基に，鑑賞への関心や意欲等を把握することに重点を置き，楽しく作品を鑑賞し，造形的な視点を活用しながらよさや美しさを感じ取ろうとしたり，作者の心情や表現の意図と工夫などについて考えようとしたりしているかを見取り，総括に用いるための記録をしておきます。

> 最初は何を描いた絵か分からなかったけど，作品カードを見たら，マンホールのフタの一部だと分かりました。苔が生えた穴の部分を写真で切り取って描いたことで，不思議な未来都市に取り残された島のような雰囲気がよく表現されていたと思います。遠近感も効果的に表せていると思いました。

生徒が制作した作品 　　　　　　　　　生徒の鑑賞ワークシートの記述例

5 「主体的に学習に取り組む態度」の評価の実際

本題材の総括的な評価では，「表現」における 態表 （第一次）， 態表 （第二次）と「鑑賞」における 態鑑 （第三次）の場面で評価を行っていますが，全ての活動を終えた場面で生徒に総括させ，表現の過程とともにそれらを考慮しながら意欲の高まりや継続性などを評価することも大切にします。

> 校舎の近くで見付けた一輪だけ咲いていたタンポポの力強さを表現した。力強さを表すために，黄色の花以外の箇所は全部青系の色で描いて，花を強調することができた。みんなの作品を鑑賞して，今まで何気なく見ていたものも，いろいろな見方があることを学んだ。

「十分満足できる」状況（A）の記述例

この生徒は，主題を表現するために，補色の関係なども考えながら，現実に見えている色とは変えて表現することで，タンポポの花を力強く際立たせる独自の工夫をしています。他にも，鑑賞の活動を通して，造形的な視点を学ぼうとしている様子が伺えます。

> ボロボロになった階段が，壊れかけでも光を浴びて輝いている姿を表現した。筆だけで塗るのではなく，指を使って塗る工夫ができた。今まで知っていた水彩画とは違う表現ができたし，みんなとは違う雰囲気に仕上がったので満足している。

「おおむね満足できる」状況（B）の記述例

この生徒は，壊れかけている階段にも，光が綺麗に差し込んでいる景色を見付けて主題を設定し，指を使うなど工夫をしながら制作し，充実感も味わっています。　　　　　　　　（髙橋　憲司）

　彫刻

心の形

1　題材の目標及び評価規準

(1)・形や色彩，材料などが感情にもたらす効果や，造形的な特徴などを基に，全体のイメージ
　　で捉えることを理解する（している）。

　・粘土やポスターカラーの生かし方などを身に付け，意図に応じて，制作の順序などを考え
　　ながら工夫して表す（している）。

(2)・変化する自分の心を見つめ，想像した「心の形」を基に主題を生み出し，形や色彩，材料
　　の組み合わせなどを考え，心豊かに表現する構想を練る（っている）。

　・造形的なよさや美しさを感じ取り，作者の心情や表現の意図と工夫などについて考えるな
　　どして，見方や感じ方を広げる（ている）。

(3)・美術の創造活動の喜びを味わい，感性を豊かにし，楽しく変化する自分の心を見つめ，想
　　像した「心の形」を表現したり，鑑賞したりする学習活動に取り組む（もうとしている）。

　　　　　　　　※文末の（　）内は，評価規準としての文言。　　　の箇所は，個人内評価として扱うものを示す。

2　題材の目標と学習指導要領との関連

第1学年

「A表現」(1)ア　（思考力，判断力，表現力等：発想や構想に関する資質・能力）

　(ア)　対象や事象を見つめ感じ取った形や色彩の特徴や美しさ，想像したことなどを基に主題
　　を生み出し，全体と部分との関係などを考え，創造的な構成を工夫し，心豊かに表現する
　　構想を練ること。

「A表現」(2)ア　（知識及び技能：技能に関する資質・能力）

　(ア)　材料や用具の生かし方などを身に付け，意図に応じて工夫して表すこと。

　(イ)　材料や用具の特性などから制作の順序などを考えながら，見通しをもって表すこと。

「B鑑賞」(1)ア　（思考力，判断力，表現力等：鑑賞に関する資質・能力）

　(ア)　造形的なよさや美しさを感じ取り，作者の心情や表現の意図と工夫などについて考える
　　などして，見方や感じ方を広げること。

〔共通事項〕(1)（知識及び技能：造形的な視点を豊かにするための知識）

　ア　形や色彩，材料，光などの性質や，それらが感情にもたらす効果などを理解すること。

　イ　造形的な特徴などを基に，全体のイメージや作風などで捉えることを理解すること。

3 指導と評価の計画（9時間）

●学習のねらい ・学習活動	主な評価の観点及び評価方法，留意点		
	知技	思判表	主体的に学習に取り組む態度
第一次（2時間） 発想や構想 ●形や色彩，材料の効果などを基にして，作品に表現されている感情を考える。 ・先輩が作成した立体作品「心の形」を鑑賞し，どんな感情を表現しているか考え，意見を述べ合う。	知 ↓	発 ↓	態表 ↓ ◀ 形や色彩，材料の効果などを基に，全体のイメージで捉えようとしているかを見取る。できていない生徒に対しては，「形」「色彩」などキーワードを示しながら，作品を再度見つめさせる。（活動の様子，発言内容，ワークシートの記述） 【主体的に学習に取り組ませるための授業の工夫】 ・授業内容を予告して，心が動いた瞬間について考えさせておき，導入で確認することで生徒の思考を広げる。 ・主題を隠して鑑賞することで，想像が膨らむようにする。
●主題を生み出す。 ・日常生活の中で心が動いた瞬間の「心の形」をイメージして主題を生み出す。			態表 ↓ ◀ 主題を生み出すことに悩む生徒には，最近印象に残っている出来事や，好きなものを聞くなどして，その生徒ならではの発想を引き出していく。（活動の様子，アイデアスケッチ） 【主体的に学習に取り組ませるための授業の工夫】 ・普段の学校生活，行事の時の写真などを見せながら，その時の自分の「心の形」をイメージできるようにする。
●主題を基に構想を練る。 ・形や色彩，材料の組み合わせなどを考えながら構想を練る。	― 発	― 態表	態表 ↓ ◀ 主体的に形や色彩，材料の組み合わせなどを考え，構想を練ろうとする姿を見取る。できていない生徒には，「丸い感じ」「ギザギザ」など，まず言葉で表現したり，実際に粘土を使ったりさせながらイメージが膨らむようにする。（活動の様子，アイデアスケッチ） 形や色彩の効果を生かしながら，主題をよりよく表現するために改善を図りながら構想しようとする態度を評価する。【活動の様子，ワークシート】

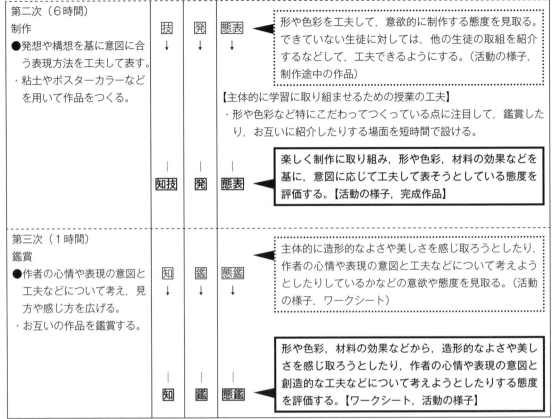

第二次（6時間） 制作 ●発想や構想を基に意図に合う表現方法を工夫して表す。 ・粘土やポスターカラーなどを用いて作品をつくる。	技 ↓	発 ↓	態表 ↓
	｜ 知技	｜ 発	｜ 態表
第三次（1時間） 鑑賞 ●作者の心情や表現の意図と工夫などについて考え，見方や感じ方を広げる。 ・お互いの作品を鑑賞する。	知 ↓	鑑 ↓	態鑑 ↓
	｜ 知	｜ 鑑	｜ 態鑑

形や色彩を工夫して，意欲的に制作する態度を見取る。できていない生徒に対しては，他の生徒の取組を紹介するなどして，工夫できるようにする。（活動の様子，制作途中の作品）

【主体的に学習に取り組ませるための授業の工夫】
・形や色彩など特にこだわってつくっている点に注目して，鑑賞したり，お互いに紹介したりする場面を短時間で設ける。

楽しく制作に取り組み，形や色彩，材料の効果などを基に，意図に応じて工夫して表そうとしている態度を評価する。【活動の様子，完成作品】

主体的に造形的なよさや美しさを感じ取ろうとしたり，作者の心情や表現の意図と工夫などについて考えようとしたりしているかなどの意欲や態度を見取る。（活動の様子，ワークシート）

形や色彩，材料の効果などから，造形的なよさや美しさを感じ取ろうとしたり，作者の心情や表現の意図と創造的な工夫などについて考えようとしたりする態度を評価する。【ワークシート，活動の様子】

※指導と評価の計画における記号の表記は前出の事例と同様である。

4 「主体的に学習に取り組む態度」の指導と評価の流れ

　本事例に該当する第1学年の「主体的に学習に取り組む態度」の評価では，「評価の観点及びその趣旨」において「美術の創造活動の喜びを味わい楽しく表現及び鑑賞の学習活動に取り組もうとしている」としており，その趣旨に応じて生徒の実現状況を見取ることが求められます。目標実現のために創意工夫を重ね，一生懸命取り組むことができる授業展開を目指します。

①態表（第一次：前半）

　第一次の前半の題材の導入の活動では，形や色彩，材料などが感情にもたらす効果や，造形的な特徴などを基に，全体のイメージで捉えようとする態度を見取ります。ここでの鑑賞は，鑑賞の学習ではなく，発想や構想をしやすくするために行う活動なので，発想や構想に関する資質・能力を育成する視点から生徒の主体的に学習に取り組む態度を見取るようにします。ここでの活動に意欲的でない生徒に対しては，気になった作品などを聞きながら，形や色彩などの視点を示し，工夫点に目が向くように一緒に作品を見るようにします。

②態表（第一次：後半）

　第二次では，形や色彩の効果を生かして作品の構想を練ろうとする意欲や態度を見取ります。まず，主題を生み出そうとしていない生徒を把握して，意欲が高まるように指導していきます。最近の印象的な出来事や好きなことなどを聞きながら主題を生み出せるようにします。題材を通して意欲的に取り組めるようにするには「怪我が治って松葉杖がとれた時の嬉しかった心」「部屋に入ってシーンとした瞬間の1日で一番落ち着く心」など，その生徒ならではのアイデアを創出させることが大切です。

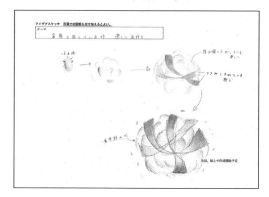

鑑賞の様子

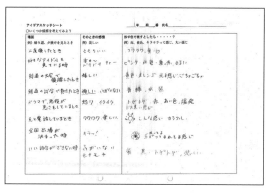

ワークシートの記述例

　アイデアスケッチシートには作品の構想について具体的に記述させます。配色や材料の工夫など明確な見通しまで記述されていたり，複数の具体性のあるアイデアを出していたり，顕著な粘り強さが見られた生徒は第一次について「十分満足できる状況」（A）と評価します。発想や構想につまずいている生徒については，実際に粘土でつくりながら考えさせるなど，生徒に応じて支援の方法を工夫して，意欲が高まるように指導します。

③態表（第二次）

　ここでは，楽しく意図に応じて工夫して表そうとする意欲を高めることが大切です。意欲が高まらない生徒については，友達の作品の工夫点に注目させたり，どんな順番で制作するとよいかを考えさせたりしながら，制作に打ち込めるように指導します。数時間に渡る制作の際には，生徒が漠然と完成だけを目指して取

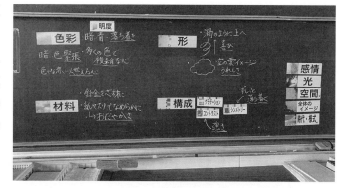

板書の例

り組むことがないように，特に留意します。例えば，黒板に「形」「色彩」などキーワードを示し，それぞれどんな視点で工夫しているかを時々確認するなどして，造形的な見方・考え方

を働かせながら主体的に取り組むことができるよう指導します。

制作の様子①

制作の様子②

　制作の段階では，主題を表現するために粘り強く試行錯誤する姿を見取ります。制作の様子①の例は，主題を「部活動がなかった日の悲しい心」として，アンバランスな形を支えようと，制作途中で粘土の中に針金を入れるなど，繰り返し材料の効果を試す姿が見られました。制作の様子②の例は，「大会でスタート地点に立った時の心」を主題として，心の中で炎が広がるようなイメージを丁寧に色を変化させながら表現しようとしました。パレット上の混色の様子からも微妙な色の変化を出すために工夫したことが分かります。こういった顕著な点については積極的に見取り，その場で頑張りを認めた上で，授業後に名簿等に短時間で記録して評価資料として残します。

　また，自己調整をしながら取り組むことができるように振り返りを大切にします。ただ振り返らせればよいというわけではなく，下記の例のように，粘り強く取り組んだ過程を振り返らせるために「①本時，主題を表現するために工夫した点」，自己調整する力を育むために「②次回頑張りたいこと，自己課題」など，ねらいをもって記述させることが必要です。下記の①の記述からは，制作の中で新たに工夫を取り入れたこと，細部の色彩を塗り分けることでより複雑な感情を表そうとしたことが分かります。②の記述からも，色彩の視点で，次時に向けて意欲的に工夫を考えようとする意欲が見取れます。制作途中の画像からも，１単位時間50分で十分に制作を進めたことが分かります。

6	月 日	①	どうすればもっと複雑な気持ちになるか考えて、小さい形をたくさん付け足して、ウロコのように連続する形にした。より、起きてすぐのモヤモヤした気持ちを表現することができた。	
		②	一つ一つ色を変えれば、眠い朝の複雑な感情を表すことができると思うので、配色を工夫してつくりたい。眠そうな感じの淡く、ぼんやりした色使いにしていきたい。	
7	月 日	①	ウロコの色を一つひとつ変えて、「起きたくない」「もっと寝たい」「布団から出たくない」などの朝布団の中で生まれる複雑な感情を表現した。色だけでなく、タッチも工夫してより複雑な感じに工夫した。	
		②	全体的な配色のバランスはできた。荒い部分が気になるので、細かい部分をさらに仕上げていきたい。	

ワークシートの記述例

④ 鑑 （第三次）

　第三次では，お互いの作品などの造形的なよさや美しさを感じ取り，楽しく見方や感じ方を広げようとする意欲を高めることが大切です。造形的な見方・考え方を働かせながら主体的に鑑賞することができるように，鑑賞前にまず自分の作品制作を振り返らせ，形や色彩の工夫点を記述させることも効果的です。

鑑賞の様子

5 「主体的に学習に取り組む態度」の評価の実際

　本題材の評価規準は，「美術の創造活動の喜びを味わい，感性を豊かにし，楽しく変化する自分の心を見つめ，想像した『心の形』を表現したり，鑑賞したりする学習活動に取り組もうとしている」としています。「主体的に学習に取り組む態度」の評価の実際として，第二次制作の段階について例を示します。評価の際には単に頑張る態度でなく，造形的な見方・考え方を働かせながら取り組む態度を見取ることが大切です。

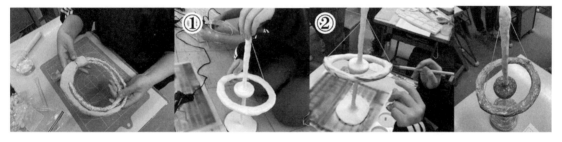

制作の様子

　写真の例は，主題を「一点に集中している時の心」とした作品の制作過程です。写真の①では，より安定して宙に浮いた形にするため，凧糸の長さや接着方法を繰り返し試す材料の工夫，写真の②では，タッチの方向を一定にしながら集中を表す色を塗り重ねる色彩の工夫など，見方・考え方を働かせながら取り組む態度を見取ることができます。最終的に完成した作品と授業での様子を総合的に判断し，総括に用いる評価を行います。試行錯誤の連続，独創的な表現への挑戦など，顕著な態度が継続的に現れた生徒については「十分満足できる状況」（A）と評価します。

　記録については「繰り返し試行錯誤する姿」を「S」，「たくさんアイデアを出そうとする姿」を「I」，行き詰まっている生徒は「赤マーカーで印」などルール化して，授業後に名簿にチェックすると効率的に評価することにつながります。総括の際には，単純に印の数を集計して用いることはせず，作品と一緒に総括に用いる評価の一つの加点的参考資料として扱うことで，生徒の主体的に取り組む姿を積極的に評価することができます。　　　　　　　（小山　祐太）

デザイン

絵文字でイメージを伝えよう

1 題材の目標及び評価規準

(1)・形や色彩などの性質，それらが感情にもたらす効果や，絵文字の造形的な特徴などを基に，全体のイメージで捉えることを理解する（している）。

　・絵の具の生かし方などを身に付け，伝える相手や内容に応じて工夫し，制作の順序などを考えながら，見通しをもって表す（している）。

(2)・伝える目的や条件などを基に，伝える相手や内容などから主題を生み出し，分かりやすさと美しさなどとの調和を考え，絵文字の構想を練る（っている）。

　・絵文字の目的や機能との調和のとれた美しさなどを感じ取り，作者の心情や表現の意図と工夫などについて考えるなどして，見方や感じ方を広げる（ている）。

(3)・美術の創造活動の喜びを味わい，感性を豊かにし，美術を愛好する心情を培い，楽しく絵文字の表現の学習活動に取り組む（もうとしている）。

　・美術の創造活動の喜びを味わい，感性を豊かにし，美術を愛好する心情を培い，楽しくデザインの鑑賞の学習活動に取り組む（もうとしている）。

　　　　　※文末の（ ）内は，評価規準としての文言。　　の箇所は，個人内評価として扱うものを示す。

2 題材の目標と学習指導要領との関連

第1学年

「A表現」(1)イ　（思考力，判断力，表現力等：発想や構想に関する資質・能力）

　(イ)　伝える目的や条件などを基に，伝える相手や内容などから主題を生み出し，分かりやすさと美しさなどとの調和を考え，表現の構想を練ること。

「A表現」(2)ア　（知識及び技能：技能に関する資質・能力）

　(ア)　材料や用具の生かし方などを身に付け，意図に応じて工夫して表すこと。

　(イ)　材料や用具の特性などから制作の順序などを考えながら，見通しをもって表すこと。

「B鑑賞」(1)ア　（思考力，判断力，表現力等：鑑賞に関する資質・能力）

　(イ)　目的や機能との調和のとれた美しさなどを感じ取り，作者の心情や表現の意図と工夫な

どについて考えるなどして，見方や感じ方を広げること。

〔共通事項〕(1) （知識及び技能：造形的な視点を豊かにするための知識）

ア　形や色彩，材料，光などの性質や，それらが感情にもたらす効果などを理解すること。

イ　造形的な特徴などを基に，全体のイメージや作風などで捉えることを理解すること。

3 指導と評価の計画（6時間）

●学習のねらい ・学習活動	主な評価の観点及び評価方法，留意点		
	知技	思判表	主体的に学習に取り組む態度
第一次（1時間） 伝達のデザインの鑑賞 ●自分たちの身の回りにある，伝達のデザインを鑑賞する。 ・形や色彩などの効果についてワークシートにまとめ見方や感じ方を広げる。 ・伝える相手や，目的に応じた表現方法や色彩の効果などについてグループで話し合う。	知 ↓	鑑 ↓	態鑑 ↓ 　主体的に作品の鑑賞をしようとしたり，伝えたい相手に応じた形，色彩，構成，質感などやその効果を感じ取ろうとしたりしているかを見取る。できていない生徒に対しては，具体例を示すなどの指導を行う。（活動の様子，発言内容，ワークシート） 【主体的に学習に取り組ませるための授業の工夫】 ・地域で使われているポスターやチラシ，絵文字で制作されている看板など，生徒の身近なデザインを提示し，一人一人がデザインの効果を自分ごととして捉えられるようにする。
	— 鑑	— 態鑑	主体的に鑑賞の活動に取り組み，形や色彩の効果や全体のイメージで捉えようとし，絵文字の目的や機能との調和のとれた美しさなどを感じ取ろうとしたり，目的と表現の意図と工夫などについて考えようとしたりしているかを評価する。【活動の様子，ワークシート】
第二次（2時間） 絵文字の発想や構想 ●伝えたい相手や内容を基に主題を生み出す。 ・気持ちや価値観，情報などの伝える目的や，対象，方法，手段などの伝えるための条件を考えて主題を生み出す。		発 ↓	態表 ↓ 　主題を生み出そうとする主体的な態度を見取り，できていない生徒に対しては，鑑賞の学習での内容について振り返りをさせたり，地域の特徴的なものなど具体的な内容について考えさせたりするなどの指導を行う。（活動の様子，ワークシート） 【主体的に学習に取り組ませるための授業の工夫】 ・実際に地域で使われている絵文字を掲示し，生徒の興味や関心を高めるようにする。 ・伝える相手の立場や気持ちを尊重させたり，伝える内容についても，生徒自身の日常の生活体験の中から見付けさせたりする。
●創出した主題を基に構想を練る。 ・伝えたい内容を分かりやすく美しく伝えるという目的と美との調和を考え，表現の構想を練る。			態表 ↓ 　主題を基によりよい表現の構想を練るために，主体的に伝えたい相手を明確に設定しようとしたり，自分が興味をもつものや事柄について見つめようとしたりする粘り強く構想を練ろうとする姿を見取る。できていない生徒には，主題を基にした，伝えたい相手や内容について再確認させる。（活動の様子，アイデアスケッチ，ワークシート）

			【主体的に学習に取り組ませるための授業の工夫】 ・伝える相手に対する視点がもてるよう，端末なども活用して制作の途中段階での生徒同士の交流ができるようにする。また，必要に応じて説明し合う活動を行うなどそれぞれの主題や構想が認め合える場面を設定する。 【生徒の構想例】 主体的に活動に取り組み，形や色彩の効果や全体のイメージで捉えようとし，生み出した主題をよりよく表現するために改善を図りながら構想しようとする態度を評価する。【活動の様子，アイデアスケッチ，ワークシート】◀
	｜ 発	｜ 態表	
第三次（2時間） 絵文字の制作 ●発想や構想をしたことを基に，意図に応じて表現方法を工夫し，見通しをもって表す。 ・絵の具の使い方などを身に付け，伝える相手や内容に応じて工夫し，制作の順序などを考えながら，見通しをもって表す。	技 ↓	発 ↓	態表 ↓ ◀ 主体的に絵の具の使い方を身に付けようとしたり，表現方法を工夫しようとしたり，見通しをもって表そうとしたりしている態度を見取る。できていない生徒には，意欲が高まるよう，主題の意図を振り返らせたり，様々な表現を試させたりする指導を行う。（活動の様子，制作途中の作品） 【主体的に学習に取り組ませるための授業の工夫】 ・構想したことが具現化できるように，絵の具の水加減や，面相筆，彩色筆，平筆等の使い分け，効率のよい混色の仕方などを個別に指導する。 ・アクリル絵の具を効果的に使えるように塗り重ねなどについて個別に指導する。 主体的に制作に取り組み，伝えたい相手や内容に応じて形や色彩などの効果などの理解したことを生かそうとし，見通しをもちながら工夫して表そうとしている態度を評価する。【活動の様子，完成作品】◀
	｜ 知技	｜ 発	｜ 態表
第四次（1時間） 生徒作品の相互鑑賞 ●相互鑑賞を行う。 ・端末を用いてお互いの作品を鑑賞し，自身の伝達のデ	知 ↓	鑑 ↓	態鑑 ↓ ◀ 主体的に友達の作品を鑑賞し，他者の見方や感じ方から自分の見方や感じ方を広げようとしているかを見取る。できていない生徒には，作者の言葉に着目させるなど意図と表現の工夫を感じられるよう指導を行う。（活動の様子，ワークシート）

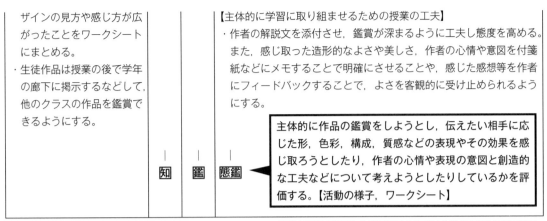

ザインの見方や感じ方が広
がったことをワークシート
にまとめる。
・生徒作品は授業の後で学年
の廊下に掲示するなどして、
他のクラスの作品を鑑賞で
きるようにする。

【主体的に学習に取り組ませるための授業の工夫】
・作者の解説文を添付させ、鑑賞が深まるように工夫し態度を高める。
また、感じ取った造形的なよさや美しさ、作者の心情や意図を付箋
紙などにメモすることで明確にさせることや、感じた感想等を作者
にフィードバックすることで、よさを客観的に受け止められるよう
にする。

> 主体的に作品の鑑賞をしようとし、伝えたい相手に応
> じた形、色彩、構成、質感などの表現やその効果を感
> じ取ろうとしたり、作者の心情や表現の意図と創造的
> な工夫などについて考えようとしたりしているかを評
> 価する。【活動の様子、ワークシート】

｜　｜　｜
知　鑑　態鑑

※指導と評価の計画における記号の表記は前出の事例と同様である。

4 「主体的に学習に取り組む態度」の指導と評価の流れ

　本事例では、学習指導要領の第1学年の目標に示された「(3)楽しく美術の活動に取り組み創
造活動の喜びを味わい、美術を愛好する心情を培い、心豊かな生活を創造していく態度を養
う」の中で特に「楽しく」や「喜びを味わう」、「愛好する」といったことを大切にし、その趣
旨に応じて生徒の実現状況を見取り、指導と評価を行っています。自ら決定する楽しさ、やり
がいなどが味わえるよう、表現方法にゆとりと自由度をもたせましたが、活動の課題や改善点
について同じ土俵で友達と話し合えるように、用具はアクリル絵の具やカラーペン、色鉛筆に
しぼりました。互いに伝えたいことを表現し合う中で、一人一人の生徒が他者の意見も参考に
しながら、どのような表現方法が主題にもっとも適しているかを考えられる工夫です。発想し
構想を練りそれを表現していく過程で表しながら考え、試行錯誤しつつ発想や構想をしたこと
を見直したり修正を加えたりして、さらによいものへと創意工夫していくことができるように
しています。授業では、第一次から第四次にかけて、「主体的に学習に取り組む態度」と学び
の様子を見取り、一人一人が強く表したいことを心の中に思い描き、よりよいものとして具体
化していくことを助けるような示唆や指導を行いながら、評価をしていくことが大切です。

①態鑑（第一次）

　第一次の活動では、見ることを楽しみ、形の特徴や色彩の組み合わせの効果や、全体のイメ
ージで捉えることを理解しようとし、伝えたい相手に応じたデザインの工夫について考え、主
体的に見方や感じ方を広げようとする意欲や態度を重視します。生徒が主体的に鑑賞の活動に
取り組めるように、地域で使われているポスターやチラシ、絵文字で制作されている看板など、
生徒に身近なデザインを提示し、一人一人がデザインの効果を自分ごととして捉えられるよう
にします。活動の様子やワークシートの記述などを基に、造形的な視点をもって作品を鑑賞し
ようとしているかを見取り、この時間では特に鑑賞の活動に興味をもてず、意欲が見られない

生徒を把握し，指導をすることに重点を置きます。本時で使用するワークシートでは，鑑賞した伝達のデザインの作品に対して伝達の目的と条件に照らし合わせてどういった形の工夫をよいと感じたか，色彩の組み合わせのどこに感心したかなどを造形の要素を視点として記述できるようにしています。「主体的に学習に取り組む態度」の評価では，主体的に作品の鑑賞をしようとしたり，伝えたい相手に応じた形，色彩，構成，質感などやその効果を感じ取ろうとしたりしているかを見取り，できていない生徒に対して，具体例を示すなどの指導を行います。

② 態表 （第二次）

本題材では，心のうちに「この内容を伝えたい」という思いがあることが重要です。そのため主題を生み出す段階では，身の回りからの気付きや自分の実体験を伝えようとするなど，伝えたい相手や内容が一人一人の生徒の自分ごととなるよう助言します。参考作品は単に生徒が真似てしまわないように，それぞれの目的や条件などの表現の意図を伝えながら，身近なものを選んで，共感したり，制作意欲を喚起したりできるよう，文字と具象的なもの，文字と抽象的な概念的なものを組み合わせるなど，表現方法にバリエーションをもたせて意欲が高まるように留意して選びます。構想の段階では，生徒が生み出した主題を具現化していく過程での粘り強く取り組む姿勢を大切にし，例えば端末や図鑑で，表現したい絵文字と関連するものの形や色彩を自ら調べ，記号や図を文字と組み合わせて構想するなど，自己調整しながらよりよい構想を目指す姿などを見取るようにします。また，アイデアスケッチは消さずに描き足させることで，思考の移り変わりを通した意欲の高まりや継続性などを視認できるようにするのも効果的な評価方法の一つです。よりよい発想や構想を求め，試行錯誤する姿を活動の様子や対話，アイデアスケッチ，ワークシートの記述などから見取り，指導と評価に生かしていきます。

③ 態表 （第三次）

制作の段階では，主体的に絵の具の生かし方などを身に付けようとし，伝える相手や内容に応じて工夫しようとしたり，制作の順序などを考えながら，見通しをもって表そうとしたりする姿を見取ります。例えば，彩色する時に身に付けた基本的な技能を用いて，目的に応じて面相筆，彩色筆，平筆等を使い分け，水加減を調整したり，効率よく混色するなどの主題に合った表現になるまで試行錯誤したりするなどの粘り強く制作する姿を評価していきます。自己調整を図る姿では，例えば，筆で表しにくい細部や凹凸などにカラーペンや色鉛筆を重ねる工夫など，発想を広げて用具や技法を選択し制作する様子について活動を通して見取り，指導と評価に生かすことも大切です。主体的に学習に取り組ませる工夫では，技法の習得・活用への指導とともに，一つの表現方法を追求する，様々な方法を組み合わせる，いずれの場合でも，その生徒に合ったやり方を選択できるような助言や，生徒がやりたいことが見付けられる学習環境の工夫が大切です。

④ 態鑑 （第四次）

第四次では，友達の作品を鑑賞し，よさや美しさ，作者の心情や表現の意図と創造的な工夫

などを，造形的な視点をもって感じ取ろうとする姿を活動の様子やワークシートの記述などから評価します。主体的に根拠を示しながら見方や感じ方を広げようとしたり，繰り返し作品と向き合いよさや美しさを味わおうとしたりしている場合など，第一次の鑑賞の時と併せて総合的に実現状況を判断します。指導と評価を通して，生徒が今までになかった見方や視点を広げ，次の作品制作や，日常生活の中の美しいものを見る時にその視点が生かせるようにすることが大切です。

・ゆれているような形が「魂」という感じが出ていて，とてもいいと思いました。

・青い炎のグラデーションが背景の紫色ともマッチしていて美しかったです。

・炎が上にあがるにつれて濃くなっていて，とても「魂」という文字が表現できています。

・「溶」ける時の氷の様子が上手く形で表現されているのがスゴい！"太陽""アイス""氷"から夏の様子が表現されていることが伝わりました。

・アイスの所の，絵の具に対する水の量の割合が調節できていて，面白味のある絵だと思う。

生徒のワークシートの記述例

5 「主体的に学習に取り組む態度」の評価の実際

　この生徒は，和の世界に興味をもち，活動では，美，行，竹などについて自分で資料を用意して調べたり，アイデアスケッチを描いたりしていました。主題をよりよく表現するために様々な構想を練りながら試行錯誤を繰り返し，粘り強く取り組み，主題を決めてからは，竹を切って出てきたかぐや姫を表すために，紙を円筒の形にして斜めにカットして試したり，光を強調させるために明度の低い色画用紙を用意したり，奥行きを出すため互い違いにグラデーションさせたりするなど，形，色彩，質感の全ての視点において主体的に工夫を重ねました。

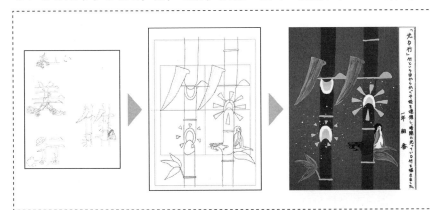

「竹」という文字から和とかぐや姫を連想しました。竹が目立つように背景と明度が違う色彩で暗闇の光を表しました。また，奥行きがでるように初めてグラデーションの技法を使いました。竹の和のイメージや，苦労した光のイメージが見る人に伝わると嬉しいです。

「十分満足できる」状況（A）の作品及び記述例

（栗原　理恵）

工芸

おもてなしの器

1 題材の目標及び評価規準

(1)・形や色彩，陶土などの材料が感情にもたらす効果や，陶芸作品の造形的な特徴を基に，全体のイメージで捉えることについて理解する（している）。

　・意図に応じて，陶芸の材料や用具を生かし，陶芸制作の順序を考え，見通しをもって表す（している）。

(2)・おもてなしをしたい人への気持ちを考えながら，用途や条件に応じて主題を生み出し，使いやすさや機能と美しさなどとの調和を考え，表現の構想を練る（っている）。

　・陶芸の技法で制作された器の目的や機能との調和のとれた美しさなどを感じ取り，造形的な特徴や，作者の表現の意図と工夫について考えるなどして見方や感じ方を広げる（ている）。

(3)・美術の創造活動の喜びを味わい，感性を豊かにし，生活の中で使う目的や機能などを考えた陶芸による表現の学習活動に楽しく取り組む（もうとしている）。

　・美術の創造活動の喜びを味わい，感性を豊かにし，生活の中で使う陶芸の調和のとれた美しさなどを感じ取るなどして，楽しく鑑賞活動に取り組む（もうとしている）。

　　　　　※文末の（　）内は，評価規準としての文言。＿＿＿の箇所は，個人内評価として扱うものを示す。

2 題材の目標と学習指導要領との関連

第1学年

「A表現」(1)イ　（思考力，判断力，表現力等：発想や構想に関する資質・能力）

　(ウ)　使う目的や条件などを基に，使用する者の気持ち，材料などから主題を生み出し，使いやすさや機能と美しさなどとの調和を考え，表現の構想を練ること。

「A表現」(2)ア　（知識及び技能：技能に関する資質・能力）

　(ア)　材料や用具の生かし方などを身に付け，意図に応じて工夫して表すこと。

　(イ)　材料や用具の特性などから制作の順序などを考えながら，見通しをもって表すこと。

「B鑑賞」(1)ア　（思考力，判断力，表現力等：鑑賞に関する資質・能力）

　㈡　目的や機能との調和のとれた美しさなどを感じ取り，作者の心情や表現の意図と工夫な
　　　どについて考えるなどして，見方や感じ方を広げること。

〔共通事項〕（知識及び技能：造形的な視点を豊かにするための知識）

　ア　形や色彩，材料，光などの性質や，それらが感情にもたらす効果などを理解すること。

　イ　造形的な特徴などを基に，全体のイメージや作風などで捉えることを理解すること。

3　指導と評価の計画（9時間）

●学習のねらい　・学習活動	主な評価の観点及び評価方法，留意点		
	知技	思判表	主体的に学習に取り組む態度
第一次（1時間） 鑑賞 ●器を鑑賞して見方や感じ方を広げる。 ・日本の陶器の歴史や，地方や土によって様々な成形の仕方があることを資料やスライドなどで学ぶ。 ●素材の違いを知る。 ・様々な素材（紙・発泡スチロール・プラスチック・木・陶器）をグループで鑑賞し，それぞれ生活で器として活用する時の長所，短所について話し合う。	知 ↓	鑑 ↓	態鑑 ↓　　普段，家や様々な場面で使っている器を主体的に鑑賞し，器の手触りや温度の感じ方，扱いやすさ，装飾性等について考えようとしたり，和食に使われている日本の陶器のよさを捉えようとしているかを見取る。鑑賞の視点に気付かないグループには他のグループの様子からヒントをもらうように促す。（活動の様子，発言内容，ワークシート） 【主体的に学習に取り組ませるための授業の工夫】 ・家や野外で使う場面を想像させ，実際に触って観察することで器の機能や条件について考えさせる。 態鑑　主体的に造形的な視点を働かせて鑑賞に取り組む態度を評価する。【活動の様子，ワークシート】
第二次（2時間） 発想や構想 ●陶芸の成形と装飾を知る。 ・技法の実演（てびねり，ひもづくり，板づくり）を知り，つくりたいもののイメージと技法との関係について考える。決定したアイデアスケッチを見せながら，どの方法で成形したらよいかをグループで話し合う。 ●主題を生み出す。 ・身近な人をもてなすために，どんな場面でどのように使		発 ↓	態表 ↓　　自分のつくりたい作品のイメージから使う技法について考えようとしている姿を見取る。できていない生徒には，前時の鑑賞の学習で学んだことについて振り返りをさせる。（活動の様子，ワークシート） 【主体的に学習に取り組ませるための授業の工夫】 ・実演は教師がするのではなく，生徒に実演させることで，興味・関心を高められるようにする。 態表 ↓　　前半では主体的に主題を生み出そうとする態度を見取る。後半の構想を練る場面では，粘り強くアイデアスケッチに取り組んだり，イメージを形にして表現したりしようとする態度を評価する。できていない生徒には，鑑賞で学んだことを基に器で人をもてなす具体的な内容について考えさせたり，和食器の特徴である季節や自然を取り入れた形に触れさせたりする。（活動の様子，アイデアスケッチ）

ってもらったり，感じてもらったりしたいかを考え，主題を生み出す。 ●主題を基に構想を練る。 ・創出した主題を基に表現の構想を練る。			【主体的に学習に取り組ませるための授業の工夫】 ・アイデアスケッチをグループで共有させ，相互鑑賞を行う。その後クラス全員のアイデアスケッチのデータをクラウドで共有して鑑賞し合い，発想や構想がよいと思ったものについて記録させ，モニターに映し出して生徒に紹介させたり，指導者が取り上げて講評したりする。 ・構想を練る際に必要な制作方法などが記載されている資料集，動画の情報や URL を紹介し，いつでも生徒自身が構想を振り返って確認できるようにする。
		| 態表	主体的に造形的な視点を働かせて主題の創出や構想を練ろうとし，陶芸の技法を吟味し，使いやすさや機能などを考えながら発想や構想に取り組む態度を評価する。【活動の様子，アイデアスケッチ】
第三次（4時間） 制作 ●成形，装飾，着彩。 ・客観的な視点に立ち，意図に応じて，材料や用具を生かし，焼き物制作の順序を考え，見通しをもって表す。	技 ↓	発 ↓	態表 ↓　発想や構想をしたことを基に，主体的に表現方法を創意工夫しようとしたり，粘り強くよりよく見せる形や色彩について考え，制作の順序を意識しながら自己調整を図り，見通しをもって表そうとしている態度を見取る。できていない生徒に対しては，他者が使うことを想定させて成形の方法を考えられるようにする。（活動の様子，制作途中の作品）

【主体的に学習に取り組ませるための授業の工夫】
・用具を教室の中央に置くなど設置場所を工夫し，自分のつくり方に合わせて自由に用具を選べるようにすることや，用具を取りに来た生徒同士の対話が生まれるようにする。

	| 知技	| 発	| 態表　主体的に制作に取り組み，使う目的や条件など基に，使用する者の気持ち，材料を生かして見通しをもって工夫して表そうとしている態度を評価する。【活動の様子，アイデアスケッチ，完成作品】
第四次（2時間） 鑑賞 ●相互鑑賞。 ・完成した作品をグループで鑑賞し合い，感想カードに記入する。 ●しつらえる。 ・自分の制作した作品を，よ	知 ↓	鑑 ↓	態鑑 ↓　主体的に作品を鑑賞し，おもてなしの目的や使う機能との調和のとれた美しさなどを感じ取ろうとしたり，意図と表現の工夫などについて考えようとしたりしているかなどをグループの対話の様子や感想カードから取り組む態度などから見取る。できていない生徒には，もてなす相手の心情について考えさせたりするなどの指導を行う。（活動の様子，感想カード）

りよくみえるように，角度や光の当て方などを考えテーブルにセッティングして写真を撮る。 ●鑑賞カードの作成。 ・第四次の1時間目の授業が終了後，自分の作品を持ち帰らせ，家庭で使用した様子を写真に撮る。2時間目に，撮影した写真を使って，鑑賞カードに器の使用前，使用後の写真，作品に込めた思い，グループで交換した感想を色画用紙にまとめる。	 【主体的に学習に取り組ませるための授業の工夫】 ・後日掲示する，作品を紹介する鑑賞カードを制作する際に，台紙となる色画用紙や，マスキングテープや型抜き，マーカーなどを豊富に用意しておいて楽しく活動できるようにする。 主体的に自他の作品を鑑賞し，目的や機能との調和の取れた美しさを感じ取ろうとしたり，使用する者の気持ちを考え，材料を生かした表現の意図と創造的な工夫について考えようとしたりしているかどうかを評価する。【活動の様子，ワークシート，鑑賞カード】
知	鑑	態鑑

※指導と評価の計画における記号の表記は前出の事例と同様である。

4 「主体的に学習に取り組む態度」の指導と評価の流れ

　本事例に関する第1学年では「評価の観点及びその趣旨」において「美術の創造活動の喜びを味わい楽しく表現及び鑑賞の学習活動に取り組もうとしている」としており，その趣旨に応じて生徒の実現状況を見取ることが求められます。ここでの「主体的」とは生徒が「知識及び技能」「思考力，判断力，表現力等」を身に付けようとしたり，発揮しようとしたりすることへ向かう主体的・能動的な態度といえます。本題材「おもてなしの器」では，身近な誰かをもてなすという目的に向かって，形や色彩，器のつくり方など，様々な「知識及び技能」を獲得させながら，「思考力，判断力，表現力等」を繰り返し粘り強く表現させるように指導計画を立て，場面に応じて励ましたり個人内評価も活用しながら一人一人のよさをほめたり，話し合わせたりすることで表現や鑑賞に主体的に取り組めるようにすることが大切です。特に陶芸制作の指導では，制作の過程でつくり方を変えたり，発想や構想したことを修正したりすることが多くあります。アイデアスケッチ通りに制作ができなかったり，粘土を乾燥する段階で割れてしまったりすることもありますが，粘土は修正しやすい素材なので何度もつくり替えながら，よりよい表現を目指して土に触れることを楽しんで活動していく様子を評価します。また，最後には家に持ち帰り使ってみてそのよさを感じ取ることで深い学びへとつながっていきます。

①態鑑（第一次）

　第一次の鑑賞の学習では，表現する前に様々な器を鑑賞して見方や感じ方を広げる活動を行います。ここでは，日本の陶器の歴史や，地方や土によって様々な成形の仕方があることを学

んだり，さまざまな素材をグループで鑑賞したりします。ここで見方や感じ方を広げることは，第二次の発想や構想をする際にも重要な役割を果たすので，生徒の陶芸に対する興味や関心を高め，様々な場面で使っている器を自分ごとと捉え主体的に鑑賞できるようにし，器の手触りや温度の感じ方，扱いやすさ，装飾性等について考えたりしようとしている姿や，和食に使われている日本の陶器のよさを捉えようとしているかなどを見取り指導に生かすようにします。

②態表（第二次）

第二次の活動では客観的な視点に立ち主題を生み出し，それをよりよく表現するために，鑑賞や実演から学んだ知識を生かそうとしたり，自分はどの技法でつくるのがよいかを考え，粘り強くアイデアを修正したり，発想や構想を練ろうとする態度を評価します。前半では，活動の様子などから第一次で学んだことを自分のアイデアに生かそうとしているかどうかを把握することに重点を置き，関心・意欲の高まらない

生徒のアイデアスケッチ例

生徒に対しては，もてなす相手に具体的に使ってもらう場面を想像させたり，自然や和をイメージする形や色彩を基に考えさせたりします。また，見取りの工夫例として，アイデアスケッチをグループで発表させたり，クラウドを活用して端末で他の生徒のアイデアスケッチを見られるようにしたりし，気が付いたことや考えたことを記述させることで，他者の意見やアイデアからさらに自分の発想や構想を広げていく意欲の高まりを見取ることにつながります。

③態表（第三次）

第三次では，粘土を使って主体的に制作に取り組み，使う目的や条件など基に，使用する者の気持ちや，粘土の特徴を生かして見通しをもって工夫して表そうとする態度を高めることが重要です。そのため，粘土の扱いがうまくできず，制作の意欲がもてない生徒には，意図に応じたつくり方や制作の手順を動画や資料集から確認できるようにしておきます。また，一人一人が多様に表現できるように，道具や釉薬も豊富に準備し，選択の幅を広げておきます。ここでは，客観的な視点に立ってよりよい表現を目指して試行錯誤する姿や，知識や技能を身に付けようと継続的に意欲を発揮している姿を机間指導しながら見取ることが大切です。

④態鑑（第四次）

第四次では，自分や友達の作品を鑑賞し，主体的に目的や機能との調和の取れた美しさを感じ取ろうとしたり，使用する者の気持ちを考え，材料を生かした表現の意図と創造的な工夫について考えようとしたりしているなどの意欲や態度を評価します。完成した器を調理室のテーブルにしつらえて撮影し，これまでの活動を振り返ります。その後，グループでしつらえた器を鑑賞し，それぞれ感想カードに感じたことや考えたことを書き合います。ここでは，主体的

に自分の作品を撮影して振り返ったり，お互いのよさを主体的に見付けようとしたりしているかを話し合いの様子や感想カードから見取ります。1時間目の終了後には器は家に持ち帰り実際使ってみた様子を撮影してきます。それぞれの家庭の状況を十分に配慮しながらできる範囲で持ち帰らせ，器の使う前の画像，使ってみた画像，作品をどのような思いを込めてつくったかの記述，グループからもらった感想カードを色画用紙に貼り鑑賞カ

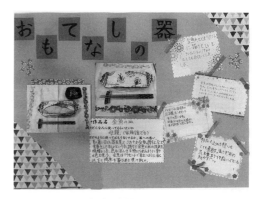

生徒の鑑賞カード例

ードを作成します。鑑賞カードからつくったものを実際に使う楽しさや，家族に使ってもらっての使い心地や制作時の苦労などを見取りながら，活動の様子を中心に，ワークシート，鑑賞カードなどからも「主体的に学習に取り組む態度」を見取り，総合的に判断して評価します。

5 「主体的に学習に取り組む態度」の評価の実際

　本題材における「主体的に学習に取り組む態度」の評価では，「おもてなし」を学習のキーワードに位置付け，自分の身近な人を対象として相手への思いや願いなどをもちながら，「知識や技能」を習得しようとしたり，「思考力，判断力，表現力等」を身に付けようとしたりし，生徒一人一人が器でのおもてなしを実現することに向けた意欲や態度を大切にします。また，題材を通して活動の様子を軸に，ワークシートやアイデアスケッチ，作品等，多面的に意欲の高まりや継続性などを見取り，生徒の学びや指導の工夫改善に生かすことが重要です。

　右の記述の生徒は，実際に母親に使ってもらう「夏の暑い日の食事」という場面をイメージしながら，主体的に制作を行ってきました。記述を見ると単に，器を使うという目的だけではなく，「見て楽しむ」，「手づくりのよさ」にも気が付いていることが分かります。また，家族に使ってもらい感想をもらったことで創造活動の喜びを味わっていることも読み取れます。このように

作品名	金魚の皿	誰に使ってもらいたいか	母
器にどんな思いを込めて工夫をしたか			

　夏の暑い日でも，器をみてさわやかな気持ちになって食事をしてほしいという気持ちで，金魚と水の流れを模様にした。色も涼しさを感じられるように青や水色を使った。器だけを見て楽しめるように金魚はアクセントで目立つように赤くした。主に焼き魚を置くために使って欲しいために板づくりで細長く制作した。粘土が乾燥した後，少し表面がゆがんだ部分があったが，手づくりのよさが感じられた。食卓が華やかになると家族からも評判を得ることができて嬉しかった。

「十分満足できる」状況（A）の記述例

活動の様子やワークシートの記述，作品などから総合的に見取ることで，妥当性，信頼性のある「主体的に学習に取り組む態度」の評価を行うことが可能となります。

（飯田　成子）

名画の未来の目撃者は君だ！

1　題材の目標及び評価規準

(1)・形や色彩などの性質や感情にもたらす効果や，作品に見られる描画材料や筆遣いなどの造形的な特徴を基に，全体のイメージや作風などで捉えることを理解する（している）。

(2)・造形的なよさや美しさを感じ取り，表現の特質などから作者の心情や表現の意図と工夫などについて考えるなどして，見方や感じ方を広げる（ている）。

(3)・美術の創造活動の喜びを味わい，感性を豊かにし，美術を愛好する心情を培い，主体的に美術作品や美術文化などの見方や感じ方を広げる鑑賞の学習活動に取り組む（もうとしている）。

　　　　　　　※文末の（　）内は，評価規準としての文言。＿＿＿の箇所は，個人内評価として扱うものを示す。

2　題材の目標と学習指導要領との関連

第1学年

「B鑑賞」(1)ア　（思考力，判断力，表現力等：発想や構想に関する資質・能力）

　(ｱ)　造形的なよさや美しさを感じ取り，作者の心情や表現の意図と工夫などについて考えるなどして，見方や感じ方を広げること。

〔共通事項〕(1)　（知識及び技能：造形的な視点を豊かにするための知識）

　ア　形や色彩，材料，光などの性質や，それらが感情にもたらす効果などを理解すること。

　イ　造形的な特徴などを基に，全体のイメージや作風などで捉えることを理解すること。

3　指導と評価の計画（4時間）

●学習のねらい ・学習活動	主な評価の観点及び評価方法，留意点		
	知技	思判表	主体的に学習に取り組む態度
第一次前半（１時間） 全体と個人での鑑賞 ●絵画作品を鑑賞して，造形的な視点に着目し，作品の見方や感じ方を広げる。 ・ルソーの「蛇遣いの女」を全体で鑑賞し，構図や色彩の性質やモチーフの意味など，造形的な特徴や作者の心情，表現の意図などについて話し合う。（全体） ●様々な作家の画集の中から気になる作品やお気に入りの作家を見付け，鑑賞し見方や感じ方を広げる。（個人） ・ワークシートに沿って鑑賞を段階的に深める。	知 ↓	鑑 ↓	態鑑 ↓　◀　主体的に作品の鑑賞をしようとしたり，形，色彩，構図，筆遣いなどの表現方法の効果と作者の心情や表現の意図と創意工夫などについて捉えようとしたりしているかを見取る。できていない生徒に対しては，具体例を示すなどの指導を行う。（活動の様子，発言内容） 【主体的に学習に取り組ませるための授業の工夫】 ・一人一人の発言を受け入れ，発言しやすい雰囲気をつくる。また，タブレットを用いて生徒の見方を集約し全体で共有することで多様な見方に触れられることができるようにする。 態鑑 ↓　◀　形や色彩，構図，表現方法などの工夫を感じ取り，作者の心情や表現の意図と創造的な工夫などについて考えることができているかどうかや，作家の作品の変遷を見るなどして粘り強く活動に取り組む態度をそれぞれ見取る。できていない生徒に対しては，気になる描き方を見付けさせたり，色彩や全体のイメージから作者の心情について考えさせたりするなどの指導を行う。（鑑賞の様子，ワークシート） 【主体的に学習に取り組ませるための授業の工夫】 ・生徒の興味・関心のある作品を選択させることで，より主体的に鑑賞に取り組めるようにする。ワークシートは，設問を工夫して生徒が段階的に鑑賞を深められるようにする。
第一次後半（２時間） 模写に近い形で描きながら鑑賞 ●作家の描き方やこれまでの作品を比較しながら，作者の意図と表現の工夫などについて考え，自分としての根拠をもって読み取る。 ・選んだ作品の表現技法を真似ながらトレースした下絵に彩色して鑑賞を深める。（A5サイズ程度） ・完成を求めずに気になる描き方を真似て気付きを促す。			【主体的に学習に取り組ませるための授業の工夫】 ・選んだ作品をトレースすることで絵を描くことに苦手意識を感じている生徒でも取り組みやすくする。描くことは鑑賞を深めるための手段であり，評価の対象とするものではないことや，作品を鑑賞する中での気付きや発見を大切にすることを伝える。 │ 態鑑　◀　主体的に鑑賞に取り組み，理解した形や色彩などの造形の要素の働きや，全体のイメージ，作風で捉えようとするなど，粘り強く新たな視点や気付きを基に鑑賞しながら見方や感じ方を広げようとする態度を評価する。【活動の様子，ワークシート】

第二次（1時間） 学びの共有と全体での鑑賞 ●他者の見方や感じ方を基に自分の見方や感じ方を広げるとともに，造形的な視点について理解する。 ・作者の気持ちになって考えたことや発見したことなどを基に，他者の見方や感じ方から広げた自分なりの作品の解釈をグループで発表し合う。 ・作者の意図と表現の工夫について，また作者の心情と表現の関連など，多様な見方をグループでまとめて全体で共有する。 ●全体で一枚の作品を鑑賞し，作者の表現の意図と工夫などについて対話を通して考え，見方や感じ方を広げる。 ●授業全体を通しての振り返りを行う。		**態鑑** ↓	┆┄┄┄┄┄┄┄┄┄┄┄┄┄┄┄┄┄┄┄┄┄┄┄┄┄┄┄┄┄┆ 第一次で広げた見方や感じ方を，他者と対話する中で新たな見方を一層広げようとしたりしていることや，自分なりの見方や感じ方と比較するなどして主体的に活動に取り組む態度をそれぞれ見取る。できていない生徒に対しては，自分とは違う見方や感じ方に着目させるなどの指導を行う。（活動の様子，発言の内容，ワークシート） ┄┄┄┄┄┄┄┄┄┄┄┄┄┄┄┄┄┄┄┄┄┄┄┄┄┄┄┄┄┄┄  【主体的に学習に取り組ませるための授業の工夫】 ・素直に感じたことや考えたことを発言しやすい雰囲気をつくり，これまで広げてきた見方や感じ方から，さらに多くの疑問や気付きを促し，自分の見方や感じ方の変容に気付かせる。
	知	鑑	**態鑑**◀ 主体的に作品を鑑賞し，形や色彩などの性質や感情にもたらす効果や，全体のイメージや作風などで捉えることを理解しようとし，造形的なよさや美しさを感じ取ろうとしたり，作者の心情や表現の意図と工夫などについて考えようとしたりしているかどうかを評価する。【ワークシート（最後の振り返り），活動の様子，発言の内容】

※指導と評価の計画における記号の表記は前出の事例と同様である。

4 「主体的に学習に取り組む態度」の指導と評価の流れ

　本事例では，鑑賞に関する資質・能力と関連する評価規準を「造形的なよさや美しさを感じ取り，表現の特質などから作者の心情や表現の意図と工夫などについて考えるなどして，見方や感じ方を広げている」としており，その趣旨に応じて生徒の主体的な鑑賞の学習に向かう意欲や態度の実現状況を見取ることが求められます。第1学年の鑑賞では，形や色彩などの造形的な視点を基に見方や感じ方を広げていくことになりますが，他者の見方や感じ方に触れる中で，これまでなかった視点で見ることや新たな気付きを得て鑑賞が深まっていく様子を捉えながら指導と評価を行うことが大切です。

①態鑑（第一次：前半）

　第一次前半では，個別に選んだ作家の作品を鑑賞し，よさや美しさを感じ取ろうとしたり，

作者の心情や表現の意図と創造的な工夫などについて考えようとしたりするなどの意欲や態度を見取ります。作品のよさを捉えようとするワークシートの記述などから、特に意欲的に作品のよさなどを捉えようとする顕著な状況が見られたりする場合には、暫定的に「十分満足できる」状況（A）と評価します。例えば、画集の作品を食い入るように見ながら新たな発見を繰り返している姿や、友達同士で説明し合う場面で、作家の時代性に着目し表現の共通点に気付いて、タブレット等で検索する姿が見られた時には、こうした意欲や態度を評価し記録しておく必要があります。また、このような活動は、学級全体に対して鑑賞を深める一助になることを伝えます。

しかし、授業中に全ての生徒を評価することは困難であることから、授業中は、ワークシートの記述や発言の内容などから鑑賞が深まっていない視点などについて、個々の生徒や学級全体に助言することに重点を置くことになります。

生徒のワークシートの記入例

② 態鑑（第一次：後半）

第一次後半では、個別に選んだ作家の作品の未来を想像させ、模写に近い形で描きながら鑑賞したり、作者の心情や表現の意図と創造的な工夫などについて考えようとしたりするなどの意欲や態度を見取ります。

主体的に学習に取り組む態度のことではありませんが、ここでの描く活動は、鑑賞を深めるための手段であることから、創造的に表す技能や、発想や構想として評価するのではなく、あ

生徒が作家を真似て描いたもの

くまでも鑑賞に関する資質・能力を評価するということに留意します。作家の筆遣いを真似る中で、筆の動かし方、スピード感、色の配置など、実際に自分で描くことで発見や気付きを促すようにします。生徒が描きながら発言することも多くあるので、感じたことや考えたことなどはその都度ワークシートに追記するように伝えます。ワークシートの記述は前時と見分けがつくように色分けしたり、下線などを引かせたりすると後で評価する際に分かりやすくなります。前時の見方から変わったことや、より広がった見方ができていること、作品が表している

内容や形，色彩，材料，表現方法などから主体的に自分としての根拠をもって読み解いていることを見取ることが大切です。

　描くことが目的化し，鑑賞を深めていない生徒には，気になる部分に着目させその部分を真似て描かせてみると新たな気付きにつながることがあります。粘り強く作家のタッチを探究する姿勢やパレットの試行錯誤の痕跡なども評価すべき対象となります。模写に近い形で描くことになりますが，A5程度の大きさの紙に描かせ，絵自身の完成を求めず，気になる箇所を真似て描くだけでも構わないことを伝え，気付きや疑問を得ることの大切さを伝えます。

③ 態鑑 （第二次）

　第二次では，第一次の見方から広がった実現状況を生徒の姿やワークシートの記述，最後の振り返りの文章等から見取ります。この振り返りの記述は，この題材を通して自分の見方や感じ方が広がったり，自身の鑑賞の活動が深まったりしたことを自覚させるために行います。第一次から第二次にかけて見方が広がり，新たな視点で鑑賞するなど，継続して意欲的に取り組んだりする姿などを総括に用いる評価として記録しておきます。また，今後の自分の制作活動に生かそうとする記述やこれまでの授業との関連について言及している記述については学習を自己調整する姿として見取り，総括的な評価として記録しておきます。

　授業の最後に，一枚の絵画作品を全体で鑑賞しますが，第一次のはじめに鑑賞した時よりも，多くの気付きや発言が見られます。このような変容を全体で共有することでより主体的な活動になってきます。他者の発言を基に比較してみたり，真似て描いた経験から推察して作家の心情を読み取ろうとしたりする姿を見取り，指導と評価を行うことが大切です。

※第一次，第二次ともいえることですが，文章表現を得意としない生徒は事前に把握しておき，適宜対話をしながら観点別の実現状況を把握しておくことが必要です。表記については，メモでも箇条書きでも可とし，負担感を与えない配慮が必要になります。

5 「主体的に学習に取り組む態度」の評価の実際

　本題材における「主体的に学習に取り組む態度」の評価規準は，「美術の創造活動の喜びを味わい，感性を豊かにし，美術を愛好する心情を培い，主体的に美術作品や美術文化などの見方や感じ方を広げる鑑賞の学習活動に取り組もうとしている」としています。「主体的に学習に取り組む態度」は，粘り強く学習に取り組む態度や自己調整的に学習に臨む態度を見取ることになりますが，観点別評価や評定にはなじまず，こうした評価では示しきれないことから個人内評価（個人のよい点や可能性，進歩の状況について評価する）として見取る部分があります。鑑賞における生徒の態度や記述等で，「感性」や「美術を愛好する心情」などに触れるものがあれば個人内評価として，生徒一人一人に対して評価し大切に育んでほしいことを伝える必要があります。

　この題材を通して学んだことは，ユトリロという作家は，筆のタッチを器用に使い分けていることが分かりました。建物や植物などに応じてタッチを使い分けることで，奥深い，温かみのある作品に仕上がっていることが分かりました。他の年代の作品を見ると遠近感のある街並みを多く描いています。作家本人がいつも歩いている街を描いて自分の技術を高めようとしていたかもしれないと思いました。そして，この街が好きでずっと残していきたいからこの絵を描いたのではないかとも思いました。雲の描き方とか不思議で，手前の街灯に火がともるととても不思議な空間になるし，いろいろな考えをもって描いていることがよく分かりました。友達との発表会では，作家のその時の気持ちが色に現れることや，筆のタッチ，スピードにも影響することが分かりました。そういったことを頭に入れて他の作品を鑑賞してみると，今まで見えてこなかったことまで考えられるようになりました。

「十分満足できる」状況（A）の記述例

　この生徒は，ユトリロの筆のタッチや配色に注目して鑑賞を深めています。画集にある作品を何度も見返しながら，タッチの違いや，試行錯誤していることに気付き，作者の心情を自分なりに読み取ろうとしています。描くことで筆のスピード感やタッチの使い分けについても気付いています。何よりも友達との鑑賞活動において，作者の心情が筆のタッチに現れるかもしれないという新たな気付きを得て，見方が広がったことを記しています。波線の部分は個人内評価として，ワークシートにコメントする形で評価をしました。

　この鑑賞の授業では，カンディンスキーの作品を見て最初は変な絵だなと思ったけど，じっくり見たり，友達と見たりするとどんどんいろんなことが見えるようになっていきました。赤い太陽だと思ったものは，他の人は何かの病気のウィルスだと言い，そう見ると全部のイメージが変わってくるくらい見え方が変化しました。赤の意味もただ赤が好きなんだと思ってましたが，何か意味があるかもしれないという風に思えてきました。カンディンスキーの絵はなんか推理小説のようで，どんどん引き込まれていくような作品だと思いました。

「おおむね満足できる」状況（B）の記述例

　この生徒は，はじめのうちは，表面的な見方で鑑賞していましたが，友達との鑑賞や未来を描くことを通して，少しずつ自分なりの見方ができるようになってきました。第一次の時点では，おおむね満足できる状況ではありませんでしたが，全体指導で見方に関するポイントを整理したり，個別指導で色の意味や全体のイメージについて見るポイントや調べるポイントを絞ったりしたことによって，主体的に鑑賞する姿が見られるようになりました。第1学年における鑑賞では，前述した通り他者の見方や感じ方に触れる中で鑑賞が深まっていきます。そうした自己の変容に気付かせる指導と評価を行うことで，より主体的に学習に取り組む態度に変わっていくことにつながります。また個人内評価は減点法ではなく，加点法でよさをどんどん見付けてあげることで，美術に対する興味や関心が高まっていきます。　　　　　　　　　（田中真二朗）

美しいものあつめ

1 題材の目標及び評価規準

(1)・形や色彩，材料，光などの性質，それらが感情にもたらす効果などや，造形的な特徴などを基に，全体のイメージや作風などで捉えることを理解する（している）。

(2)・身の回りにある自然物や人工物の形や色彩，材料等の造形的な美しさなどを感じ取り，生活を美しく豊かにする美術の働きについて考えるなどして，見方や感じ方を広げる（ている）。

(3)・美術の創造活動の喜びを味わい，感性を豊かにし，心豊かな生活を創造していく態度を養い，楽しく作品や美術文化などの鑑賞の学習活動に取り組む（もうとしている）。

※文末の（　）内は，評価規準としての文言。　　の箇所は，個人内評価として扱うものを示す。

2 題材の目標と学習指導要領との関連

第1学年

「B鑑賞」(1)イ　（思考力，判断力，表現力等：鑑賞に関する資質・能力）

　(ア)　身の回りにある自然物や人工物の形や色彩，材料などの造形的な美しさなどを感じ取り，生活を美しく豊かにする美術の働きについて考えるなどして，見方や感じ方を広げること。

〔共通事項〕(1)　（知識及び技能：造形的な視点を豊かにするための知識）

　ア　形や色彩，材料，光などの性質や，それらが感情にもたらす効果などを理解すること。

　イ　造形的な特徴などを基に，全体のイメージや作風などで捉えることを理解すること。

3 指導と評価の計画（2時間）

●学習のねらい ・学習活動	主な評価の観点及び評価方法，留意点		
	知技	思判表	主体的に学習に取り組む態度
第一次（1時間） 課題把握と鑑賞 ●身の回りにある自然物や人工物のよさを見付ける。 ・造形的な視点を意識して身の回りにある自然物や人工物を見つめ，気になったものを撮影する。 ・生活の中にある美術に目を向け，ポートフォリオにまとめる。 ・次の授業までに家庭学習として地域等で撮影し，ポートフォリオに加えさせる。	知 ↓	鑑 ↓	態鑑 ↓　主体的に美しいものあつめの活動に取り組み，生活の中の造形の効果やよさなどについて感じ取ろうとしているかなどについて見取る。できていない生徒に対しては，造形の要素の働きや，全体のイメージの視点から身の回りにある自然物や人工物を見つめるよう指導を行う。（活動の様子，ポートフォリオ） 【主体的に学習に取り組ませるための授業の工夫】 ・導入時に生徒が身近に感じる風景写真をいくつか用意し，写真から感じられる造形的な視点を示しながら〔共通事項〕に示されている，造形の要素の働きや，イメージで捉えることの理解を深めておく。
第二次（1時間） 相互鑑賞 ●お互いの作品を鑑賞する。 ・第一次で撮影した写真をまとめたポートフォリオを相互鑑賞し，感じたことや考えたことなどをワークシートに記述し，生活の中の造形などについて考え，見方や感じ方を広げる。 ●鑑賞の学習を振り返る。 ・相互鑑賞後に，他者の見方や感じ方から，自分の見方や感じ方の変化や気付きなどをワークシートに記述する。	｜ 知	｜ 鑑	態鑑 ↓　主体的に相互鑑賞の活動に取り組み，作品から形や色彩，材料，光などの性質や，それらが感情にもたらす効果，イメージなどについて感じ取ろうとしているかを見取る。できていない生徒に対しては，造形的な特徴などから写真を見つめさせたり，心情について考えさせたりするなどの指導を行う。（活動の様子，発言の内容，ワークシート） 【主体的に学習に取り組ませるための授業の工夫】 ・相互鑑賞する写真には，撮影者の意図や造形的な視点を記述した付箋を添付しておき，撮影者の視点が分かるようにしておく。 ・学校の実態等に応じて，クラウドが活用できる場合は，プレゼンテーションソフトなどを活用して，写真と説明を入れたスライドを作成し，端末を用いてクラス全体の作品が鑑賞できるようにする。 態鑑　主体的に作品を鑑賞し，形や色彩，材料，光などの性質や，造形的な特徴などから全体のイメージで捉えることを理解しようとし，生活の中にある造形的なよさや美しさを感じ取り，見方や感じ方を広げようとしているかを評価する。【活動の様子，ワークシート】

※指導と評価の計画における記号の表記は前出の事例と同様である。

4 「主体的に学習に取り組む態度」の指導と評価の流れ

　本事例の「美術の働きや美術文化」に関する学習は，生徒にとって実生活に深く関わる内容です。特にこの題材と関連する「Ｂ鑑賞」(1)イ(ア)の指導事項は，生活や社会を美しく豊かにする美術の働きに関する学習であることから，美術作品や生活の中の造形など，それがあることによりどのような効果をもたらしているのかを考えたり，見方や感じ方を広げたりすることが求められます。特に第１学年では，生徒の身近な生活を中心に見方や感じ方を広げ，それを第２学年及び第３学年で柔軟に活用できるよう，学習を意図的に設定し，「主体的に学習に取り組む態度」に関する指導と評価を行います。

　第一次では，身の回りにある自然物や人工物への造形的な興味や関心を高め，撮影をする過程では，対象の形や色彩，材料，光などの造形的な美しさや，イメージなどに着目させて，主体的に感じ取ることができるようにしたり，ポートフォリオにまとめる過程において，造形的な視点で対象を見つめ，作品の見方を変えたり広げようとしたりできるよう指導します。

　第二次の相互鑑賞活動では，他の生徒の表現に興味や関心がもてるようにし，言葉を使って主体的に他者と意見を交流することにより，自分一人では気付かなかった視点に気付こうとしたり，美へのあこがれを求めるという人類普遍の精神や，創造力を働かせ，様々なものや美を創造する喜びを感じようとしたりしながら，感性を豊かにし，心豊かな生活を創造していく態度を養えるようにします。

① 態鑑 （第一次）

　第一次の課題把握と鑑賞では，形や色彩などの造形の要素の特徴などに意識を向けて考えさせ，主体的に対象とじっくりと向き合い，造形的な視点を豊かにもてるよう，自己との対話などによりつくりだされる生徒一人一人の見方や感じ方を大切にします。活動では机間指導をしながら生徒の様子を観察する中で，特に活動に関心や意欲がもてない生徒を中心に見取り，意欲が高まるように指導をします。

　また，生徒が，造形的な視点を意識しながら身の回りにある美術の働きに気付くことができるよう，色味や明るさ，鮮やかさ，材料の硬さや柔らかさ，質感など，直接感じ取れる事柄について発問を繰り返し，興味をもった対象に対し感じた心の動きなど，性質的な面と感情的な面の両方から理解させるよう促します。加えて，導入時に生徒が身近に感じる風景写真をいくつか用意し，写真から感じられる造形的な視点を示しながら〔共通事項〕に示されている，造形の要素の働きや，イメージで捉えることの理解を深めておくことなども興味や関心がもてない生徒には効果的な指導だと思います。

　鑑賞において造形的な視点を豊かにもって主体的に対象を捉えさせるためには，言葉で考え

て整理することも大切です。〔共通事項〕に示された事項を言葉で表すことにより，それまで漠然と見ていたことが整理され，美しさの要素を明らかにすることができます。美的感覚を知的な構成力によって支えることで，対象を一層豊かに捉え，見方や感じ方を広げようとする態度の形成につながることが考えられます。

②態鑑（第二次）

第二次の相互鑑賞では，主体的に他者の作品のよさや美しさ，作者の心情や表現の意図と創造的な工夫などを感じ取ろうとすることや，作品を共有し合うことで，自分の視野を広げようとする態度の形成を図ることが大切です。先述のように言葉を使って他者と意見を交流できるようにすることにより，自分一人では気付かなかった視点に気付くことができ，より主体的に学習に取り組むことにつながることが期待できます。

総括的な評価では，活動の様子から，造形的な視点に着目して作品のよさを読み取ろうとする姿や，グループワークの中で，自分では気付かなかった新しい意味や価値に気付こうとする姿，ワークシートの記述などから自分の見方や感じ方の変容に気付こうとしたりする姿など，第一次の評価と併せて，見方や感じ方が広がることに喜びを感じたりしながら「主体的に学習に取り組む態度」のより程度の高い実現状況が見られる場合には，「十分満足できる」状況（A）と評価します。

5 「主体的に学習に取り組む態度」の評価の実際

本題材の「主体的に学習に取り組む態度」の評価規準は，「美術の創造活動の喜びを味わい，感性を豊かにし，心豊かな生活を創造していく態度を養い，楽しく作品や美術文化などの鑑賞の学習活動に取り組もうとしている」としています。「主体的に学習に取り組む態度」と関連する資質・能力である「学びに向かう力，人間性等」と評価との関係では，「主体的に学習に取り組む態度」として観点別評価を通じて見取ることができる部分と，観点別評価や評定にはなじまず，こうした評価では示しきれないことから個人内評価（個人のよい点や可能性，進歩の状況について評価する）を通じて見取る部分があることに留意します。

本題材では，「感性を豊かにし，心豊かな生活を創造していく態度を養い」の箇所は，個人内評価として見取ることとしています。実際の評価では，活動の様子や，ワークシート，ポートフォリオなどを使い，多面的に粘り強い取組を行う姿と自らの学習を調整しようとする姿について見取るようにします。以下に「十分満足できる」状況（A）と判断した例を挙げます。

〈最初に撮影した写真と撮影の理由〉　　　　　　　〈2枚目〉

〈3枚目〉　　　　　　　　　　　　　　〈4枚目〉

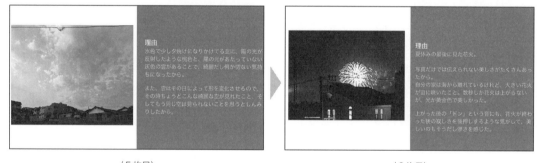

〈5枚目〉　　　　　　　　　　　　　　〈6枚目〉

「十分満足できる」状況（A）のポートフォリオ例（ポートフォリオから見取る，生徒の見方や感じ方の変容）

　上のポートフォリオの写真と記述例の生徒は，学校での活動において常に主体的に学習に取り組む姿が見られました。また，ワークシートの記述などでは，身の回りにある人工物のもつ色彩の美しさに興味や関心をもち，既存の習得事項と結び付けて自分の言葉で感情を整理する姿や，生活の中にある様々な場面にも目を向け，それらがもつ造形的な要素と自身の感情を分析する姿が見られました。

　ポートフォリオの撮影の記録を撮影した順に確認すると，撮影した写真と理由から，光がもたらす効果や物の対比などに発展していく中で，自然がつくる造形やはかない形などにも注目するようになり，継続して身の回りにある様々な造形的な美しさなどを感じ取り，生活を美しく豊かにする美術の働きについて主体的に考えるなどして，見方や感じ方を広げようとしている様子が見取れるため，十分満足できる状況にあると判断しました。

> クラスメイトがあつめた作品の中で，美しいものの中で光が美しいと感じたものに興味をもちました。特にAさんの写真では光芒が強く印象に残っていて，差し込んでくる光が雲の隙間から少し漏れて，雲が光っているように見えたところが美しいと感じました。
>
> また，Bさんのクラゲの写真も最初電流に見えてしまったのですが，水槽の外の電光掲示板がゆれて見えるところや，ブラックライトが水面で光っている様子がクラゲの形と重なって，神秘的で美しいと思いました。

「十分満足できる」状況（A）の記述例

　この生徒は，活動の様子では，常に継続して主体的に学習に取り組んでいる姿が見取れました。ワークシートの記述などからは，光の性質に着目し，自然がつくりだす造形的なよさや，生物が生み出す動きと人工物との対比から美しさを感じている様子などが見取れます。

　こうした他の生徒の作品や見方や感じ方から，自分の見方や感じ方を広げようとしている姿が見取れることから，第一次と第二次の双方から総合的に十分満足できる状況にあると判断しました。

> 　私が美しいと思った写真は色合いが綺麗なものや光が差している写真が多かったです。Cさんが撮った砂にピントがあった江ノ島の写っている写真が特に美しいと思いました。最初はほぼ直感で「美しいな」と思ったのですが，そこからよく見ると空の色がグラデーションになっていたり，砂のあたりがキラキラ光っていたりしているので，私の好きな光や色彩の要素が入っていることが分かりました。
>
> 　これまで美術の授業以外でも「綺麗だな」とか「好きだな」とか思っていた写真やイラストにも美術の要素が入っているのかなと思いました。また，撮り方にも工夫があって，感じたことをより伝えることが表現でもできるのかなと思いました。

「十分満足できる」状況（A）の記述例

　この生徒は，課題把握の段階では，主体的に学習に取り組む態度の高まりが見られませんでしたが，美しいものあつめの写真を撮影する活動から興味や関心が高まり，最後まで意欲的に学習に取り組みました。ワークシートやポートフォリオなどの記述からは，直感的に感じたことを自分なりに分析し，色彩の視点から造形的な要素に気付く様子が見取れました。

　また，本活動を通して自身が興味をもったものにも造形的な要素があるのではないかと気付き，見方を広げようとしている様子が見られたこと，今回の鑑賞活動が，今後の自身の表現の活動に関連するような気付きなど，継続的な意欲の高まりが見取れたことから，第一次と第二次の双方から総合的に総括して十分満足できる状況にあると判断しました。

（鈴野　江里）

絵

シン（心・新・真）の世界

1 題材の目標及び評価規準

(1)・形や色彩，技法，遠近感などの効果や，自分の内面の印象や特徴などを基に，全体のイメージで捉えることを理解する（している）。

　・材料や用具の特性を生かし，意図に応じて自分の表現方法を追求して創造的に表す（している）。

(2)・自分の内面や日々の出来事などを深く見つめ，感じ取ったことや考えたことなどを基に，主題を生み出し，偶然生まれる組み合わせなどから効果的に表現するための構図などを考え，創造的な構成を工夫し，心豊かに表現する構想を練る（っている）。

　・造形的なよさや美しさ，偶然生まれる組み合わせの魅力などを感じ取り，作者の心情や表現の意図と創造的な工夫などについて考えるなどして，美意識を高め，見方や感じ方を深める（ている）。

(3)・美術の創造活動の喜びを味わい，感性を豊かにし，主体的に自分の内面や日々の出来事などを深く見つめて感じ取ったことや考えたことなどを基に表現する学習活動に取り組む（もうとしている）。

　・美術の創造活動の喜びを味わい，感性を豊かにし，主体的に造形的なよさや美しさ，偶然生まれる組み合わせの魅力などを感じ取り，作者の心情や表現の意図と創造的な工夫などを考えるなどの見方や感じ方を深める鑑賞の学習活動に取り組む（もうとしている）。

※文末の（　）内は，評価規準としての文言。＿＿の箇所は，個人内評価として扱うものを示す。

2 題材の目標と学習指導要領との関連

第2学年及び第3学年

「A表現」(1)ア　（思考力，判断力，表現力等：発想や構想に関する資質・能力）

　(ア)　対象や事象を深く見つめ感じ取ったことや考えたこと，夢，想像や感情などの心の世界などを基に主題を生み出し，単純化や省略，強調，材料の組合せなどを考え，創造的な構成を工夫し，心豊かに表現する構想を練ること。

「A表現」(2)ア （知識及び技能：技能に関する資質・能力）

　(ア)　材料や用具の特性を生かし，意図に応じて自分の表現方法を追求して創造的に表すこと。

「B鑑賞」(1)ア　（思考力，判断力，表現力等：鑑賞に関する資質・能力）

　(ア)　造形的なよさや美しさを感じ取り，作者の心情や表現の意図と創造的な工夫などについて考えるなどして，美意識を高め，見方や感じ方を深めること。

〔共通事項〕(1)　（知識及び技能：造形的な視点を豊かにするための知識）

　ア　形や色彩，材料，光などの性質や，それらが感情にもたらす効果などを理解すること。

　イ　造形的な特徴などを基に，全体のイメージや作風などで捉えることを理解すること。

3 指導と評価の計画（8時間）

●学習のねらい ・学習活動	主な評価の観点及び評価方法，留意点		
	知技	思判表	主体的に学習に取り組む態度
第一次（1時間） 鑑賞 ●シュルレアリスムで表現された作品を鑑賞する。 ・心の無意識な部分や偶然生まれる魅力を感じ取り，表現の意図や創造的な工夫などについて対話や記述を通して考える。	知 ↓	鑑 ↓	態鑑 ↓ ◀ 主体的に作品の鑑賞をしようとしたり，形，色彩，空間や表現方法，偶然生まれる組み合わせの効果などを捉えようとしたりしているかを見取る。できていない生徒には，自分の見方や感じ方を大切にすることを伝えて作品に向き合わせる。（活動の様子，発言内容） 【主体的に学習に取り組ませるための授業の工夫】 ・代表的な作品と合わせて過去の生徒作品も対話による鑑賞をする。
第二次（3時間） 発想や構想 ●偶然を生かした表現方法の魅力について知る。 ・偶然を生かした多様な表現方法とその魅力について，絵の具と多種多様な材料・用具を使って画用紙に様々な表現方法を試す。		発 ↓	態表 ↓ ◀ 主体的に表現の活動に取り組み，材料や用具の特性を生かして調整しようとしている態度を評価する。できていない生徒には，様々な方法を試す動画を用意して見せて関心を高める。（活動の様子） 【主体的に学習に取り組ませるための授業の工夫】 ・4人班に1枚ずつ画用紙を配り，一定時間ごとに班の中で順番に画用紙を回していき，お互いが試していることを随時共有しながら違うやり方を試せるようにする。また，多様な材料・用具を試せるようにしておく。
●主題を生み出す。 ・自分の内面や日々の出来事などを基に，心の中の無意識な部分にも目を向けて主題を生み出す。		態表 ◀	主体的に材料や用具に関わりながら主題を生み出そうとしたり，偶然生まれた形や色を生かして構想を練ろうとしているかを見取る。できていない生徒に対しては個別に問いかけたり，周囲と話し合うきっかけをつくったりする。（活動の様子，試した表現方法）

・偶然生まれる組み合わせの魅力を探りながら，創意工夫し，創造的なシン（心・新・真）の世界の構想を練る。			【主体的に学習に取り組ませるための授業の工夫】 ・発想や構想を深める方法（マインドマップやマンダラート，偶然生まれたものから考えるなど）をいくつか提案し，限定せずに個々に合わせて組み合わせたりしながら構想を練れるようにする。
	｜ 発	｜ 態表	◀ 主体的に発想や構想をしようとしていたり，偶然生まれる形や色彩などの魅力を生かそうとしたりしているかを見取り評価する。【活動の様子，ワークシート】
第三次（3時間） 制作 ●シンの世界を豊かに表す。 ・造形的な視点を意識し，表現方法を創意工夫して，発想や構想をしたことを基に豊かに表す。	技 ↓	発 ↓	態表 ↓ ◀ 創出した主題を基に主体的に表そうとしていたり，粘り強く材料や用具の特性を生かそうとしたり，自己調整しながら創意工夫して取り組んでいるかを見取る。できていない生徒に対しては，鑑賞の時に学んだことについて振り返りをさせたり，再度技法を試させたりする。（活動の様子，制作途中の作品）
			【主体的に学習に取り組ませるための授業の工夫】 ・随時生徒の制作途中の作品をプロジェクターで投影し，多様な表現の魅力を共有しながら相互で高めていけるように促していく。
	｜ 知技	｜ 発	｜ 態表 ◀ 主体的に制作に取り組み，形や色彩の効果や全体のイメージで捉えようとし，生み出した主題をよりよく表現するために試行錯誤を繰り返しながら取り組む態度を評価する。【活動の様子，完成作品】
第四次（1時間） 作品の鑑賞と振り返り ●他の生徒の作品から，作者の表現の意図と創造的な工夫などについて考え，見方や感じ方を深める。 ・ワークシートに，自分の作品についての説明を記述し，それを用いてお互いの作品を鑑賞し，批評し合い，本題材を振り返る。	知 ↓	鑑 ↓	態鑑 ↓ ◀ 他者の作品から，自分の見方や感じ方を深めようとしているかなどを見取り，できていない生徒に対しては，作品の主題から作品を見つめさせたり，作者の心情について考えさせたりするなどの指導を行う。（活動の様子，発言の内容，ワークシート）
			【主体的に学習に取り組ませるための授業の工夫】 ・作品に作者の意図を書いたワークシートを付けておき，鑑賞する時に主題と表現との関係を意識できるようにする。
	｜ 知	｜ 鑑	｜ 態鑑 ◀ 主体的に作品を鑑賞し，構図，形や色彩，表現方法の工夫，偶然生まれる組み合わせの魅力，全体のイメージを捉えることを理解しようとし，造形的なよさや美しさを感じ取ろうとしたり，作者の心情や表現の意図と創造的な工夫などについて考えようとしたりしているかどうかを評価する。【活動の様子，ワークシート】

※指導と評価の計画における記号の表記は前出の事例と同様である。

4 「主体的に学習に取り組む態度」の指導と評価の流れ

　本事例に該当する第２学年及び第３学年の「主体的に学習に取り組む態度」については，「評価の観点及びその趣旨」において「美術の創造活動の喜びを味わい主体的に表現及び鑑賞の学習活動に取り組もうとしている」としており，その趣旨に応じて生徒の実現状況を見取ることが求められます。本題材「シンの世界」では，中学校２年生の思春期における生徒一人一人の心情や思い，願いなど，その時期だからこそ考えられることや感じられることを大切にし，自分の夢や目標をもてるように励ましたりよさをほめたり示唆したりすることで，創造的な表現や鑑賞の活動に主体的に取り組むことができるようにしています。

　また，偶然性や無意識に表出させた形や色彩などから発想や構想をする場面では，主題を生み出す過程や発想を広げる過程において，イメージを言語化したり，様々な組み合わせを試したり，構図や遠近感を工夫したり，多様な表現方法を繰り返し試したりするような能動的な姿が授業の中で現れることがあります。「主体的に学習に取り組む態度」の評価では，このような試行錯誤を繰り返し粘り強く取り組んだり，よりよい表現を目指して構想を工夫，改善したりしていく様子などを捉えながら指導と評価を行うことが大切です。

①態鑑（第一次）

　第一次の前半の活動では，シュルレアリスムの表現の特性や効果，主題と表現の工夫について主体的に〔共通事項〕の内容を理解しようとしたり，鑑賞しようとしたりする意欲や態度について活動の様子やワークシートの記述などから見取ります。

　関心や意欲が高まらない生徒に対しては，特徴的な作品の内容から作品を再度見つめさせ，組み合わせ方の工夫を捉えたりすることなど，関心や意欲が高まるように指導をします。

作品名「軌跡」

　この作品を鑑賞してまず感じたのが，「痛」という文字のインパクトと黒の使い方がカッコいいことである。カメラのフィルムのような枠の中に，作者が経験してきたことが効果的に配置されていて，色々な時間の凝縮されたシーンが黒のおかげでより目立つ感じになっているのがとてもいいなと思う。真ん中にいきなりアボカドがあるのも，不思議な組み合わせでインパクトがあって面白い。

ワークシートの記述例

②態表（第二次）

　第二次では，自分のシン（心・新・真）の世界をより豊かに表すための発想や構想が実現す

るように生徒一人一人が創意工夫して取り組む意欲や態度を評価します。また，偶然を生かした表現方法を試す場面では，班で画用紙を回すことによって，多様なアプローチで表現方法を模索している他の生徒の意欲や工夫に触れ，自身の試行錯誤につなげることによって，それぞれがより主体的に取り組むことができるように指導をします。

発想や構想は，マインドマップなどの思考ツールを複数用意しておき，それぞれの取り組みやすい方法を選択できるようにして意欲を高めるようにします。教師は巡回しながら各自の活動の様子を観察することになりますが，基本的には，発想や構想に関心や意欲がもてない生徒を重点的に見取り，意欲が高まるように指導をします。生徒

アイデアスケッチの改善例（左：1枚目　右：2枚目）

が造形的な視点を意識しつつ，偶然生まれる魅力的な組み合わせを生かしてよりよく表すために何回も繰り返しイメージを描き起こしたり整理したりして，粘り強く取り組む姿を大切にします。第二次を通して，よりよい発想や構想を目指して改善を繰り返したり，継続して意欲的に取り組んだりする姿などを総括に用いる評価として記録をしておきます。

③態表（第三次）

第三次では，生徒が表したいことをより豊かに表すために，造形的な視点を意識したり，表現方法を創意工夫したりして表そうとする態度を高めることが重要です。そのため，前半は，配色や表現方法の意図を必要に応じて確認したり，造形的な視点について意識できていない生徒を把握したりし，関心や意欲が高まるように指導をします。中盤から終盤では，生徒が主体的に制作に取り組み，造形的な視点を意識しながら技能を働かせて工夫して表そうとしている姿を見取るよ

制作途中の様子

うにします。制作の段階で創造的に表す技能を働かせる学習における「主体的に学習に取り組む態度」は，よりよい表現を目指して試行錯誤する姿や，知識や技能を身に付けようと継続的に意欲を発揮している姿などを評価することが大切なので，前半と後半の状況とを同等に扱い総括に用いる評価として記録をしておくことなどが考えられます。

④態鑑（第四次）

第四次では，他者の作品を鑑賞し，よさや美しさを感じ取ろうとしたり，作者の心情や表現の意図と創造的な工夫などについて考えようとしたりするなどの意欲や態度を評価します。作

品のよさを捉えようと発言をする姿が繰り返し見られたり，ワークシートの記述などから，特に意欲的に作品のよさなどを捉えようとする顕著な状況が見られたりする場合には，第一次の実現状況と併せて判断し「十分満足できる」状況（A）と評価します。

　鑑賞では，他者の作品のよさや美しさ，作者の心情や表現の意図と創造的な工夫などを感じ取り，共有し合うことで，自分の視野を広げようとする態度の形成を図ることも大切です。

5 「主体的に学習に取り組む態度」の評価の実際

　「主体的に学習に取り組む態度」の評価の実際として本題材の鑑賞の活動を例に挙げると，鑑賞に関する評価規準は，美術の創造活動の喜びを味わうことや，感性を豊かにし，主体的に偶然生まれる組み合わせの魅力や造形的なよさや美しさを感じ取ること，作者の心情や表現の意図と創造的な工夫などを考えるなどして見方や感じ方を深めることを求めています。鑑賞の学習では，表現のように生徒の学びの過程が作品という形で表出されるものではないので，授業中の活動の様子と併せてワークシート等の記述を手がかりに見取ることになります。

　　選んだ作品は，題名「暗闇と光」にふさわしいシャープな形の組み合わせだと感じた。自分の中の二面性を混色もこだわってまとめていて，彼の性格がにじみ出ているようなていねいさも面白い。自分も作品をつくって感じたのは，絵を描くことで自分のことをもっと理解できるようになるということだ。工夫をすることでより一層よくなると実感し，出来上がった時はとてもうれしい気持ちになった。

「十分満足できる」状況（A）の記述例

　学習活動の様子からこの生徒は，自分の作品を制作する時に手を動かしては考えることを繰り返しており，ワークシートの記述も自分の表現活動の経験から見方や感じ方を深めていったからこそ書けた記述だと考えられます。また，他の生徒の作品を鑑賞する際も，主体的に作者の心情や意図，工夫を主体的に感じ取ろうとしたことが見受けられました。

　　宇宙の感じと色使いの雰囲気が自分の好みだったのと，発想が面白かったからこの作品を選びました。丁寧さもよかった。比べてみると私は，心の中を表現するのは難しかったけど，同じ班の人に色々アドバイスをもらったおかげでうまくいったと思う。

「おおむね満足できる」状況（B）の記述例

　この生徒は，作品から感じ取ったことを自分なりの言葉で書こうとしており，ワークシートの記述と活動の様子と併せて考えると，鑑賞の学習に対して主体性は感じられるものの，造形的な視点や根拠等を深く追求するところまでには至っていないと判断しました。

（田窪　真樹）

彫刻

気持ちを入れる器

1 題材の目標及び評価規準

(1)・形や色彩，材料，空間や動勢，質感などの効果や，主題の情感や造形的な特徴を基に，全体のイメージで捉えることを理解する（している）。

・粘土や用具の特性を生かし，意図に応じて陶芸の技法を追求し創造的に表す（している）。

(2)・大切にしたい気持ちを深く見つめ感じ取ったことや考えたことなどを基に主題を生み出し，空間や動勢，形の組合せなどを考え，創造的な構成を工夫し，心豊かに表現する構想を練る（っている）。

・造形的なよさや美しさを感じ取り，作者の心情や表現の意図と創造的な工夫などについて考えるなどして，美意識を高め，見方や感じ方を深める（ている）。

(3)・美術の創造活動の喜びを味わい，感性を豊かにし，心豊かな生活を創造していく態度を育みながら，主体的に自分が大切にしたい「気持ち」を深く見つめ感じ取ったことや考えたことなどを基に表現したり鑑賞したりする学習活動に取り組む（もうとしている）。

※文末の（ ）内は，評価規準としての文言。＿＿の箇所は，個人内評価として扱うものを示す。

2 題材の目標と学習指導要領との関連

第2学年及び第3学年

「A表現」(1)ア　（思考力，判断力，表現力等：発想や構想に関する資質・能力）

(ア)　対象や事象を深く見つめ感じ取ったことや考えたこと，夢，想像や感情などの心の世界などを基に主題を生み出し，単純化や省略，強調，材料の組合せなどを考え，創造的な構成を工夫し，心豊かに表現する構想を練ること。

「A表現」(2)ア　（知識及び技能：技能に関する資質・能力）

(ア)　材料や用具の特性を生かし，意図に応じて自分の表現方法を追求して創造的に表すこと。

「B鑑賞」(1)ア　（思考力，判断力，表現力等：鑑賞に関する資質・能力）

(ア)　造形的なよさや美しさを感じ取り，作者の心情や表現の意図と創造的な工夫などについて考えるなどして，美意識を高め，見方や感じ方を深めること。

〔共通事項〕(1) （知識及び技能：造形的な視点を豊かにするための知識）

　ア　形や色彩，材料，光などの性質や，それらが感情にもたらす効果などを理解すること。

　イ　造形的な特徴などを基に，全体のイメージや作風などで捉えることを理解すること。

3 指導と評価の計画（7時間）

●学習のねらい ・学習活動	主な評価の観点及び評価方法，留意点		
	知技	思判表	主体的に学習に取り組む態度
第一次（2時間） 鑑賞と課題把握及び発想や構想 ●日常で使用している身近な食器や花器などと火焔型土器を比較鑑賞し，用途や機能・装飾について見方や感じ方を深める。 ・特に火焔型土器の過剰ともいえるような装飾に着目し，それを施した理由について話し合う。 ●陶芸の技法を使った彫刻の作品を鑑賞し，用途や機能をもたない陶芸作品の存在を知る。 ・陶芸の技法による多様な表現に気付き，今回は用途や機能ではなく，感じ取ったことや考えたことから主題を創出し，陶芸の技法で制作することを知る。 ●自身の日常や経験から表現したい主題を生み出し，創造的な構成を考え構想を練る。 ・大切にしたい気持ち（感情，心情，気分など）を捉え，マインドマップなどで文章や言葉で書き出したりしながら主題を生み出す。 ・アイデアスケッチや油粘土による模型の制作によって強調，省略，動勢等を考えながら構想を深める。 ・陶芸の基本的な技法等の学習は，教科書の巻末資料やQRコードを活用する。	知 ↓	鑑 ↓ 鑑 発 ↓	態鑑 ↓ ◀ 主体的に作品を鑑賞しようとしたり，形や材料，空間や動勢，質感などの効果や，用途や機能・装飾について捉えようとしたりしているかを見取る。できていない生徒に対しては，装飾の違いから作品を再度見つめさせるなどの指導を行う。（活動の様子，発言内容，ワークシート） 【主体的に学習に取り組ませるための授業の工夫】 ・身近な食器や花器，火焔型土器のレプリカなどの現物や，現物が用意できない場合はできるだけ詳細が分かる画像を準備して質感などが実感できるようにして鑑賞させる。 十日町市博物館所蔵（提供） 態鑑 ◀ 主体的に形などの効果や全体のイメージで捉えながら，用途や機能・装飾について見方や感じ方を深めようとしているかを評価する。【活動の様子，発言内容，ワークシート】 態表 ↓ ◀ 主題を生み出し，構想を練ろうとする態度を見取り，できていない生徒に対しては，これまでの体験で印象に残ることを思い出させてその場面での心情を考えさせたり，その時の「心情・気持ち」はどのような形をしているかを言葉で考えさせたりするなどの指導を行う。（活動の様子，ワークシート） 【主体的に学習に取り組ませるための授業の工夫】 ・頭の中で考えた立体をスケッチに描き起こすのは難しいと感じる生徒も多いので，感覚的に形をひねり出しながら試行錯誤できるよう油粘土を準備しておく。 態表 ◀ 主体的に形などの効果や全体のイメージで捉えながら，生み出した主題をよりよく表現するために，様々な方法で主題を捉え，発想や構想しようとする態度を評価する。【活動の様子，ワークシート，アイデアスケッチ，油粘土でつくった模型】

| 第二次（3時間）
陶芸用の粘土による制作
●発想や構想を基に，自分が
イメージした表現に適した
技法を選び，創意工夫して
表す。
・形などが感情にもたらす効
果を生かし，意図に応じた
表現方法を創意工夫して創
造的に表す。
・陶芸の知識や技能を生かし
て成形を行い，イメージに
合った色の釉薬を選ぶ。 | 技
↓

｜
知技 |

｜
発 | 態表
↓

｜
態表 | 主体的に表現方法を創意工夫しようとしている態度を見取り，できていない生徒に対しては，発想や構想を確認させたり，イメージした表現の表し方の工夫について考えさせたりするような指導を行う。（活動の様子，ワークシート，制作途中の作品）

【主体的に学習に取り組ませるための授業の工夫】
・自分のイメージに合った表現が追求できるように，多様な道具を用意したり，座席配置などを工夫し，他者の作品の途中鑑賞や交流をさせて，自らの振り返りを促したりする。 

主体的に制作に取り組み，形などの効果や全体のイメージで捉えることを理解しようとし，意図に応じて改善を図りながら工夫して表そうとしている態度を評価する。【活動の様子，完成作品，ワークシート】 |
| 第三次（2時間）
相互鑑賞
●活動の振り返りを行う。
・完成作品の制作過程や表現
の意図を再確認し，これま
でを振り返りながら鑑賞用
ワークシートを作成し，見
方や感じ方を深める。
●作品を鑑賞し，主題と表現
の関係や効果について見方
や感じ方を深める。
・鑑賞用ワークシートを基に
形，空間，動勢，質感など
と主題との関係について話
し合う。 | 知
↓

｜
知 | 鑑
↓

｜
鑑 | 態鑑
↓

態鑑
↓

｜
態鑑 | 作品の制作過程を振り返ろうとする態度を見取り，できていない生徒に対しては，発想や構想段階のワークシートを確認させるなどの指導を行う。（活動の様子，ワークシート）

【主体的に学習に取り組ませるための授業の工夫】
・教室に撮影場所を準備しておき，各自が端末のカメラ機能を使い，自分の作品のベストアングルを探して撮影することで主題や表現の意図の再確認ができるようにする。

主題を表現するための形や材料など，造形の要素の効果を感じ取り，作者の心情や表現の意図と創造的な工夫などについて考えようとする態度を見取る。できていない生徒に対しては，ワークシートの記述を確認させ，主題から作品を見つめさせるなどの指導を行う。（活動の様子，発言の内容，ワークシート）

【主体的に学習に取り組ませるための授業の工夫】
・鑑賞する際に，まずは自分ならその作品にどんな気持ちを入れるかを考えさせてから，作者が書いた鑑賞用ワークシートを読ませるなどして，自分の見方や感じ方をもってから作者の意図と向き合わせる。

主体的に作品を鑑賞し，造形の要素の効果や全体のイメージで捉えることを活用しながら，造形的なよさや美しさを感じ取ろうとし，作者の心情や表現の意図と創造的な工夫などから，主題と表現の関係や効果などについて考えようとしているかを評価する。【活動の様子，発言内容，ワークシート】 |

※指導と評価の計画における記号の表記は前出の事例と同様である。

4 「主体的に学習に取り組む態度」の指導と評価の流れ

　「主体的に学習に取り組む態度」とは，生徒が「知識及び技能」，「思考力，判断力，表現力等」を身に付けようとしたり，発揮しようとしたりすることへ向かう主体的な学習に対する態度です。また，本題材が第2学年の事例であることから，ここでの「主体的」とは，第1学年の「楽しく」からさらに質を高め，自らの目指す夢や目標の実現に向かって自分は何をすべきかを考え，決定し，創造的な活動を創意工夫して粘り強く，かつ積極的に取り組もうとする姿勢です。したがって，その指導と評価においては，自ら考えて選択する自己決定の場面が重要となってきます。特に，主題を生み出そうとしたり，主題の表現を創意工夫したり，主題の表現を感じ取ったりする場面で，より実感的に主題を捉えるために自らの言葉に置き換えて記述したり，他者と話し合ったりしながら自らの考えを相対化したりするような自己決定をする場面を指導者が意図的に設定し，生徒の学びや指導の工夫改善につながる指導に生かす評価と総括に用いる評価の違いを理解したうえで，効果的に指導と評価を進めていくことが大切です。

① 態鑑 （第一次：前半）

　第一次の前半では，陶芸の技法で制作された日用品や作品などの比較鑑賞を通して，同じ陶芸の素材や技法を使いながらも，使う目的（用途や機能・実用性）からつくられたものと，作者が自己の内面などから感じ取ったことや考えたことを基にしてつくられたものがあることについて学びます。ここでは，日常使いの陶器と火焔型土器の違いについて考える場面において，主体的に理解しようとしたり，考えたりしようとする意欲や態度を，活動の様子や発言の内容，ワークシートの記述などから見取ります。関心や意欲が高まらない生徒に対して，例えば「使っている場面を想像してみよう」と問いかけ，使い勝手はどうか，その違いは何が影響しているのかなどを具体的に記述させたり，「あなたなら何を入れる？」と問いかけ，全体の形から何をイメージするかを考えさせたりしながら指導を行います。

　先生が持ってきた普段使っているような食器や花器と火焔型土器を比べてみた。食器などは絵や柄が表面に描かれているだけで形は結構シンプルだけど，火焔型土器はすごく複雑な飾りが全体に付いていて名前の通り火が燃え上がっているような感じがした。この土器は食べ物を煮たりする調理に使っていたと聞いて，使いにくそうだと思った。逆に今の食器はシンプルで使いやすさや洗いやすさが考えられているんだと思った。そう考えるとこの土器の形は使うことよりも何か違う意味がある感じがする。今回の制作は使うことを考えない器をつくるのでちょっと変わっていて面白そうだ。

生徒のワークシートの記述例

　この生徒の記述からは，比較鑑賞することで用途や機能と装飾との関係性やこの題材のテーマについて興味をもって捉えようとしていることが読み取れます。

②態表 （第一次：後半）

　第一次の後半では，それぞれの主題を生み出すために自分自身の体験や経験を振り返り，その時の状況や心情などを文章や言葉で表して実感的に捉えようとしたり，そうして生み出した主題を形に置き換えながら，アイデアスケッチや油粘土による模型制作を創意工夫して，構想を深めようとしたりする意欲や態度を見取ります。文章や言葉で発想や構想をする活動では，関心や意欲がもてない生徒を重点的に見取り，印象に残っている学校行事や家庭での出来事などについて考えさせるなどして指導をします。また，それぞれの主題となる「大切にした気持ち」は感情，心情，気分など広く捉えさせ，例えば「親切心」のように「…心」をつけて表したり，「ウキウキワクワク」のようにオノマト

作品名「気合いを入れる器」

ぺそのものでも可としたりすることで生徒は取り組みやすくなります。アイデアスケッチや油粘土による模型制作で発想や構想をする活動では，関心や意欲がもてない生徒には自分がより構想しやすい方法を選択して形に表していくよう指導を行いながら，言葉・アイデアスケッチ，模型等の手段を使いながら，自己決定を積み重ねて思考を行き来して自己調整を図り，粘り強く取り組んでいる姿を観察し，総括に用いる評価として記録しておきます。次の文章は生徒のワークシートの記述例ですが，自分自身の体験を振り返り実感的に主題を捉えたり，自分が取り組みやすい手段を選択して構想を深めたりしようとしていることが読み取れます。

　私は，「気合い」という言葉がまず浮かんだ。そこでこの言葉を一番意識したのはどんな場面だったかを考えて，体育祭で学級対抗大縄跳びが始まる前にみんなで円陣を組んだことを思い出した。その時，全員で肩を組み「頑張るぞ！」「オ〜！」の掛け声に心が一つになったような気がした。次に「気合い」が入っている器ってどんな形？と考えた時に思いついたのがホルンのような楽器の形。「オ〜！」という声は音なので，音が出るもの＝楽器をイメージした。ホルンをそのままつくるのではないので，ラッパのような形をいろいろと描いてみたが，立体的に描くのはむずかしく上から見た図や横から見た図を分けて描いたりした。一緒に油粘土で模型もつくってみたら，絵で描くよりアイデアがわいてきた。作った油粘土の模型を見ながらアイデアスケッチを描くと逆にやりやすかった。

生徒のワークシートの記述例

---

5 「主体的に学習に取り組む態度」の評価の実際

　本題材の「主体的に学習に取り組む態度」の評価規準は，「美術の創造活動の喜びを味わい，感性を豊かにし，心豊かな生活を創造していく態度を育みながら，主体的に自分が大切にしたい『気持ち』を深く見つめ感じ取ったことや考えたことなどを基に表現したり鑑賞したりする

学習活動に取り組もうとしている」としています。ここでは，指導計画の第二次（陶芸用粘土による制作）の段階を振り返ったコメントとその作品から評価した例について示しています。

僕は，最初に真ん中の小さな丸いつぼのようなもの（勇気が入る部分）を手びねりでつくった。単に丸いだけでなく自由な形がつくれるから手びねりを選んだ。次に4つのとげの柱をつくったが，重みでどうしても倒れてしまうので先にいくほど細めにつくった。途中で先生にも相談して新聞紙を丸めたものを真ん中に入れて支えることにした。特に注意したのが柱の根元で，どべを使って取れないようていねいに付けるようにした。また，やきものは焼くと小さくなるので，手を入れる時の緊張感を表現するためにとげの部分は目立つよう大きめにつくった。

作品名「勇気を入れる器」

「十分満足できる」状況（A）の記述例

この生徒は，活動の様子からも自分が表現したいイメージを明確にもち，それを基に「手びねり」「どべ」という技法を適切に選択しています。記述からもその後の制作途中で「倒れてしまう」という不具合の改善に向けた試行錯誤や，やきものがもつ収縮という特性への対応などから，粘り強い取組を行う姿，自らの学習を調整しようとする姿を見取ることができます。

私は，つくり方を考える時にひもづくりか板づくりで迷った。でも形ができてから孔をきれいに開けるのは難しいと思い，板づくりで最初に開けておくことにした。つくる前に画用紙で形をつくり，それを型紙にしてやると，両端の丸く曲げるところは難しかったけれど大体はうまくいった。その後スケッチを基に「優しさ」を曲線で表すために縁を弓で波形に切ったり，表面にハート型を貼り付けたりした。この作品は用途がないので，孔を下の方に開けたり縁や表面のデザインを工夫したりしたけれど，他の人の作品を見てもっと自由にしたらよかったと思った。

作品名「優しさを入れる器」

「おおむね満足できる」状況（B）の記述例

この生徒は，自分のアイデアスケッチを基に制作手順の見通しをもって「板づくり」の技法を適切に選択しています。途中では両端の曲面の部分で少し苦労をしたようですが，成形後は予定通りアイデアスケッチに従って加飾するなど，最初の型紙活用も含め几帳面でコツコツと粘り強く取組を行う姿を見取ることができます。ただ，最後に完成した自分の作品を振り返り「もっと自由に…」と語っているように，制作途中でも表現したいイメージを見直し追求することができていたら「十分満足できる」状況（A）を実現できたかもしれません。

第三次では，制作過程の振り返りを行い鑑賞カードにまとめます。ここでは，主体的に作品を鑑賞し，〔共通事項〕の内容を活用しながら，造形的なよさや美しさを感じ取ろうとし，作者の心情や表現の意図と創造的な工夫などから，主題と表現の関係などについて考えようとしているかを評価し，第一次の鑑賞と併せて総括します。 （内田　隆寿）

デザイン

地域をテーマとしたテキスタイルデザイン

1 題材の目標及び評価規準

(1)・形や色彩などの性質及びそれらが感情にもたらす効果や，テキスタイルや壁紙，包装紙などの造形的な特徴などを基に，全体のイメージで捉えることを理解する（している）。

　・意図に応じて表現方法を創意工夫して，制作の順序などを総合的に考えながら，見通しをもって創造的に表す（している）。

(2)・構成や装飾の目的や条件などを基に，自分たちの住んでいる地域のヒト・モノ・コトなどのイメージなどから主題を生み出し，形などが感情にもたらす効果と美しさなどとの調和などを総合的に考え，パターン模様の表現の構想を練る（っている）。

　・目的や機能との調和のとれた洗練された美しさなどを感じ取り，作者の心情や表現の意図と創造的な工夫などについて考えるなどして，美意識を高め，見方や感じ方を深める（ている）。

(3)・美術の創造活動の喜びを味わい，感性を豊かにし，主体的に主題を生み出し，意図に応じて創意工夫し見通しをもって表す表現の学習活動に取り組む（もうとしている）。

　・美術の創造活動の喜びを味わい，感性を豊かにし，主体的にデザインの調和のとれた洗練された美しさなどを感じ取り，作者の心情や表現の意図と創造的な工夫などについて考えるなどの見方や感じ方を深める鑑賞の学習活動に取り組む（もうとしている）。

※文末の（　）内は，評価規準としての文言。＿＿＿の箇所は，個人内評価として扱うものを示す。

2 題材の目標と学習指導要領との関連

第2学年及び第3学年

「A表現」(1)イ　（思考力，判断力，表現力等：発想や構想に関する資質・能力）

　(ア)　構成や装飾の目的や条件などを基に，用いる場面や環境，社会との関わりなどから主題を生み出し，美的感覚を働かせて調和のとれた洗練された美しさなどを総合的に考え，表現の構想を練ること。

「A表現」(2)ア　（知識及び技能：技能に関する資質・能力）

　(ア)　材料や用具の特性を生かし，意図に応じて自分の表現方法を追求して創造的に表すこと。

　(イ)　材料や用具，表現方法の特性などから制作の順序などを総合的に考えながら，見通しをもって表すこと。

「B鑑賞」(1)ア　（思考力，判断力，表現力等：鑑賞に関する資質・能力）

　(イ)　目的や機能との調和のとれた洗練された美しさなどを感じ取り，作者の心情や表現の意図と創造的な工夫などについて考えるなどして，美意識を高め，見方や感じ方を深めること。

〔共通事項〕(1)　（知識及び技能：造形的な視点を豊かにするための知識）

　ア　形や色彩，材料，光などの性質や，それらが感情にもたらす効果などを理解すること。

　イ　造形的な特徴などを基に，全体のイメージや作風などで捉えることを理解すること。

3 指導と評価の計画（8時間）

●学習のねらい・学習活動	主な評価の観点及び評価方法，留意点		
	知技	思判表	主体的に学習に取り組む態度
第一次（1時間） 身近なテキスタイル，壁紙，包装紙などのデザインの鑑賞 ●自分たちの身の回りにある，柄や模様などのデザインを鑑賞し，形や色彩などの効果について見方や感じ方を深める。 ・デザインの鑑賞を通して，色彩の効果や感じ方，印象，主題などをグループで話し合う。	知 ↓	鑑 ↓	態鑑 ↓　主体的に鑑賞をしようとしたり，形や色彩などの効果と主題との関係性を捉えようとしたりしているかを見取る。できていない生徒に対しては，具体例を示すなどの指導を行う。（活動の様子，発言内容，ワークシートの記述） 【主体的に学習に取り組ませるための授業の工夫】 ・テーブルマットやエコバッグなどの布製品の他，壁紙や包装紙など生徒にとって身近なものに注目させる。
第二次（3時間） 発想や構想 ●図柄の繰り返しによって連続する模様（パターン柄）をつくりだし，表現したい主題を想像する。 ・図柄のアイデアスケッチを端末に取り込み，端末上で増やしたり，配置したりし		発 ↓	態表 ↓　主題を生み出そうとする態度を見取り，主体的に活動できていない生徒に対しては，鑑賞の学習での内容について振り返りをさせたり，地域の特徴的なものなど具体的な内容について考えさせたりするなどの指導を行う。（活動の様子，アイデアスケッチ）

て連続模様をつくり，主題のイメージを膨らませる。			【主体的に学習に取り組ませるための授業の工夫】 ・実際にある地域の店舗や施設を調査・取材したり，自分たちの身近な地域のイメージから主題を創出したりできるようにする。 ・端末上で構成したものをモニターに映し出したり，他の生徒のアイデアが見られるようにしたりして交流する。
●主題を生み出す。 ・自分たちの住んでいる地域のヒト・モノ・コトなどのイメージや，地域の店舗や施設など，具体的なものから主題を生み出す。 ●主題を基に構想を練る。 ・創出した主題を基に，色彩や形などが感情にもたらす効果と美しさの調和などを総合的に考え，表現の構想を練る。	｜ 発	｜ 態表	 主体的に活動に取り組み，形や色彩の効果や全体のイメージで捉えようとし，生み出した主題をよりよく表現するために改善を図りながら構想しようとする態度を評価する。【活動の様子，ワークシート】
第三次（3時間） 制作 ●発想や構想を基に，意図に応じて表現方法を創意工夫し，見通しをもって表す。 ・形などが感情にもたらす効果を生かし，意図に応じて表現方法を創意工夫して，制作の順序などを総合的に考えながら，見通しをもって創造的に表す。また，制作の途中に鑑賞を行い，客観的な視点に立って他者の作品を見たり自分の意図を説明したりすることにより，表したいものをより一層明確にしていくなどしながら作品を完成させる。	技 ↓ ｜ 知技	発 ↓ ｜ 発	態表 ↓ 主体的に表現方法を創意工夫しようとしたり，見通しをもって表そうとしたりしている態度を見取る。できていない生徒に対しては，主題から作品を見つめさせたり，移動や回転などの配置による形の違いなどから感じる印象に気付かせたりしながら，表現の工夫などについての意欲を高めるような指導を行う。（活動の様子，制作途中の作品） 【主体的に学習に取り組ませるための授業の工夫】 ・地域の店舗や施設の方をゲストティーチャーとして招き，生徒の作品にアドバイスをしてもらう。 ・制作の途中でクラウドにアップロードされた作品をモニターに映し出したり，お互いの作品が見られるようにしたりして交流することで，相互に刺激を受け合い，表したいものをより一層明確にしていく。 主体的に制作に取り組み，形や色彩などの効果や全体のイメージで捉えることを理解しようとし，見通しをもち意図に応じて工夫して表そうとしている態度を評価する。【活動の様子，作品】
第四次（1時間） 作品の鑑賞 ●生徒作品を鑑賞し，デザインについての見方や感じ方を深める。	知 ↓	鑑 ↓	態鑑 ↓ 作品の造形的なよさや美しさを感じ取り，表現の意図と工夫などについて考えることなどができているかを見取る。できていない生徒に対しては，主題から作品を見つめさせたりするなどの指導を行う。（活動の様子，発言内容，ワークシートの記述）

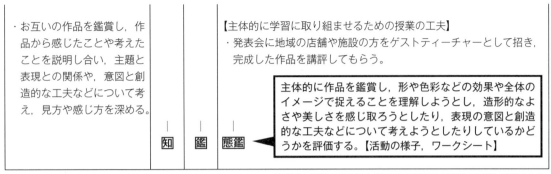

・お互いの作品を鑑賞し，作品から感じたことや考えたことを説明し合い，主題と表現との関係や，意図と創造的な工夫などについて考え，見方や感じ方を深める。	知	鑑	態鑑	【主体的に学習に取り組ませるための授業の工夫】 ・発表会に地域の店舗や施設の方をゲストティーチャーとして招き，完成した作品を講評してもらう。 主体的に作品を鑑賞し，形や色彩などの効果や全体のイメージで捉えることを理解しようとし，造形的なよさや美しさを感じ取ろうとしたり，表現の意図と創造的な工夫などについて考えようとしたりしているかどうかを評価する。【活動の様子，ワークシート】

※指導と評価の計画における記号の表記は前出の事例と同様である。

4 「主体的に学習に取り組む態度」の指導と評価の流れ

　本事例に該当する第2学年及び第3学年では，「評価の観点及びその趣旨」において「美術の創造活動の喜びを味わい主体的に表現及び鑑賞の学習活動に取り組もうとしている」としており，その趣旨に応じて生徒の実現状況を見取ることが求められます。ここでの「主体的」とは，第1学年の「楽しく」からさらに質を高め，自らの目指す夢や目標の実現に向かって課題を克服しながら創意工夫して実現しようと積極的に取り組み，創造的な活動を目指して挑戦していく姿勢のことです。そのため第2学年の「主体的に学習に取り組む態度」の評価では，生徒一人一人が表現への願いや，創造に対する自分の夢や目標をもてるように励ましたり，よさをほめたり示唆したりすることで，創造的な表現や鑑賞に主体的に取り組むことができるように留意することが大切です。

　本事例では，ただ単にテキスタイルをデザインするのではなく，地域をテーマとすることで，生徒が自分ごととして形や色彩などの効果について考えたり，身近な生活の中のデザインから，調和の取れた洗練された美しさを感じ取り，見方や感じ方を深めたりするなどし，実感をもちながら表現ができるよう，表現の工夫などについて意欲を高めるような指導と評価を行います。

①態鑑（第一次）

　第一次では，主体的に伝達のデザインに対する見方や感じ方を深めようとするとともに，鑑賞の活動を通して，形や色彩などの感情にもたらす効果や，全体のイメージで捉えることを理解しようとする姿を見取ります。身近な生活の中のデザインに興味や関心がもてず，見方や感じ方を深められない生徒や，造形的な視点についての理解をしようとする意欲が見られない生徒を把握することに重点を置き，それらの生徒に対しては，形や色彩などの効果や，全体のイメージなどの具体例を示し，関心や意欲が高まるように見取り，必要に応じて指導をします。

② 態表 （第二次）

　第二次では，生徒が自分たちの住んでいる地域のヒト・モノ・コトなどのイメージなどから主題を生み出し，形などが感情にもたらす効果や，美しさなどとの調和などを総合的に考え，表現の構想を練ろうとする発想や構想への意欲や態度を高めることが重要です。そのため，前半には題材に興味や関心がもてず，主題を生み出そうとしていない生徒を把握することに重点を置き，それらの生徒に対しては，意欲が高まるように生徒を見取り，指導をします。

　後半では，生徒が造形的な視点を意識しながら生み出した主題をよりよく表すために心豊かに構想しようとしている意欲や態度を見取ります。第二次を通して，よりよい発想や構想を目指して知識を活用しながら改善を繰り返したり，継続して意欲的に取り組んだりする姿などを総括に用いる評価として記録しておきます。

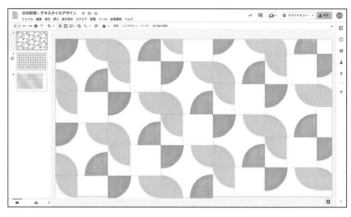

作品名「ブックカバーのデザイン」の制作画面

　地域をもっと知ってもらうためのブックカバーとして，私の家の近所にある稲荷神社を主題に表現しようと考えました。この神社では，毎年春になるとたくさんのミズバショウが咲きます。春の訪れを告げる，ミズバショウをモチーフに，色と形を組み合わせて構成しました。最初は，丸い形の模様で，かわいい感じになったけれど，端末上で，切り取ったり，回転させたりすることで，曲線をいかして，ミズバショウらしさを表現することができました。

ワークシートの記述例

③ 態表 （第三次）

　第三次では，意図に応じて表現方法を創意工夫して，制作の順序などを総合的に考えながら，見通しをもって創造的に表そうとする態度を高めることが重要です。そのため，制作への意欲がもてない生徒を把握し，主体的に造形的な視点を意識しながら制作の順序などを総合的に考え，意図に応じて表現方法を創意工夫し，見通しをもって創造的に表そうとする態度が高まるように指導をします。制作の段階で創造的に表す技能を働かせる学習における「主体的に学習に取り組む態度」は，よりよい表現を目指して試行錯誤する姿や，知識や技能を身に付けようと継続的に意欲を発揮している姿などを評価することが大切です。

④ 態鑑 （第四次）

　第四次では，生徒が作品から感じたことや考えたことを説明し合う活動を通して，主体的にお互いの作品の主題と表現の関係や，意図と創意工夫などについて考え，見方や感じ方を深めようとしていく意欲や態度を高めることが重要です。

　評価は，生徒が他者の作品を鑑賞する様子などを基に，鑑賞への関心や意欲等を把握することに重点を置き，本時において主体的に作品を鑑賞し，造形的な視点を活用しながらデザインの効果や，調和のとれた美しさなどを感じ取ろうとしたり，作者の表現の意図と創造的な工夫などについて考えようとしたりしているかを見取り，総括に用いるための記録をします。

5 「主体的に学習に取り組む態度」の評価の実際

　本題材の評価規準は，態表 「美術の創造活動の喜びを味わい，感性を豊かにし，主体的に主題を生み出し，意図に応じて創意工夫し見通しをもって表す表現の学習活動に取り組もうとしている」及び 態鑑 「美術の創造活動の喜びを味わい，感性を豊かにし，主体的にデザインの調和のとれた洗練された美しさなどを感じ取り，作者の心情や表現の意図と創造的な工夫などについて考えるなどの見方や感じ方を深める鑑賞の学習活動に取り組もうとしている」となっており，態鑑 （第一次，第四次）と 態表 （第二次，第三次）の場面で評価を行っています。

　ここでは，知識を活用しようとし，創意工夫して表現の構想を練ろうとしたり，意図をよりよく表すために試行錯誤を重ねて創意工夫し，見通しをもちながら粘り強く表そうとしたりする姿をワークシートなどから，丁寧に見取ることが大切です。

　暑苦しい夏に涼感をあたえてくれるような爽やかな色あいで統一しました。同じ形でも色や向き，配置の仕方で色々な雰囲気のデザインができてとても面白かったです。単純な形の方が，様々な構成ができるので作品の幅が広がるような気がしました。よく見ると身の回りにも，様々な場面でたくさんのシンプルで洗練されたデザインが使われているということに，改めて気付かされました。

「十分満足できる」状況（A）の記述例

　この生徒は，主題を表現するために，より洗練されたデザインになるよう，構成の仕方の試行錯誤を重ねています。また，表現で学んだことと関連させ，生活の中のデザインなどの見方や感じ方を深めている様子が分かります。

（高安　弘大）

工芸

心のかけ箸

1 題材の目標及び評価規準

(1)・箸の形や色彩，材料などの性質やそれが感情にもたらす効果や，全体のイメージなどで捉えることを理解する（している）。

　・木材などの材料や用具の特性を生かし，意図に応じて自分の表現方法を追求して，制作の順序などを総合的に考えながら創造的に表す（している）。

(2)・箸の目的や条件などを基に，箸を使う者の立場，社会との関わり，機知やユーモアなどから主題を生み出し，使いやすさや機能と美しさなどとの調和を総合的に考え，表現の構想を練る（っている）。

　・目的や機能との調和のとれた洗練された美しさなどを感じ取り，作者の心情や表現の意図と創造的な工夫などについて考えるなどして，美意識を高め，見方や感じ方を深める（ている）。

　・日本の箸や受け継がれてきた表現の特質などから，伝統や文化のよさや美しさを感じ取り，諸外国の美術や文化との相違点や共通点に気付き，美術を通した国際理解や美術文化の継承と創造について考えるなどして，見方や感じ方を深める（ている）。

(3)・美術の創造活動の喜びを味わい，感性を豊かにし，心豊かな生活を創造していく態度を育みながら，主体的に目的や機能などを考えた表現の学習活動に取り組む（もうとしている）。

　・美術の創造活動の喜びを味わい，感性を豊かにし，心豊かな生活を創造していく態度を育みながら，主体的に作品や美術文化などの鑑賞の学習活動に取り組む（もうとしている）。

※文末の（　）内は，評価規準としての文言。　　の箇所は，個人内評価として扱うものを示す。

2 題材の目標と学習指導要領との関連

第2学年及び第3学年
「A表現」(1)イ　（思考力，判断力，表現力等：発想や構想に関する資質・能力）
　(ウ)　使う目的や条件などを基に，使用する者の立場，社会との関わり，機知やユーモアなど

から主題を生み出し，使いやすさや機能と美しさなどとの調和を総合的に考え，表現の構想を練ること。

「A表現」(2)ア　（知識及び技能：技能に関する資質・能力）

　(ア)　材料や用具の特性を生かし，意図に応じて自分の表現方法を追求して創造的に表すこと。

　(イ)　材料や用具，表現方法の特性などから制作の順序などを総合的に考えながら，見通しをもって表すこと。

「B鑑賞」(1)ア，イ　（思考力，判断力，表現力等：鑑賞に関する資質・能力）

　(イ)　目的や機能との調和のとれた洗練された美しさなどを感じ取り，作者の心情や表現の意図と創造的な工夫などについて考えるなどして，美意識を高め，見方や感じ方を深めること。

　(イ)　日本の美術作品や受け継がれてきた表現の特質などから，伝統や文化のよさや美しさを感じ取り愛情を深めるとともに，諸外国の美術や文化との相違点や共通点に気付き，美術を通した国際理解や美術文化の継承と創造について考えるなどして，見方や感じ方を深めること。

〔共通事項〕(1)　（知識及び技能：造形的な視点を豊かにするための知識）

　ア　形や色彩，材料，光などの性質や，それらが感情にもたらす効果などを理解すること。

　イ　造形的な特徴などを基に，全体のイメージや作風などで捉えることを理解すること。

3　指導と評価の計画（10時間）

●学習のねらい ・学習活動	主な評価の観点及び評価方法，留意点		
	知技	思判表	主体的に学習に取り組む態度
第一次（1時間） 作品鑑賞と発想や構想 ●箸の作品，およびその歴史などをインターネットや図書室の資料を基に調べる。 ・箸を贈る対象の検討と主題のイメージをもつ。	知 ↓	鑑 ↓	態鑑 ↓ ◄ 材質や装飾など，箸そのものの特性に興味や関心をもち，主体的に箸の文化に目を向け，自分なりの感じ方や解釈をしようとしているかなどの姿を見取る。できていない生徒に対しては，いくつか視点を提示するなどの指導を行う。（活動の様子，ワークシートの記述） 【主体的に学習に取り組ませるための授業の工夫】 ・生徒が多様な視点で調べられるように，インターネットのみならず，学校の図書室を活用したり，様々な参考資料を美術室などに置いたりするなどの準備をしておく。
第二次（1時間）			

●事前に贈りたい相手（対象）へのインタビューを行い，その内容から主題を生み出し，創造的な構成を考え構想を練る。 ・主題を基に，箸の長さや太さ，形態などの表し方を工夫してアイデアスケッチを行う。	発 ↓	態表 ↓	◀ インタビューを基に，贈る相手にふさわしい主題とデザインになるよう，機能と美の両面から，粘り強く，創意工夫しながらアイデアスケッチに取り組む態度を評価する。また，具体的な形につながらなかったり，立体のイメージを平面で表現することができなかったりする生徒には，参考作品を実際に手に取って，持ちやすさや感覚などを確認しながら，考えられるような指導を行う。（活動の様子，レポート）

【主体的に学習に取り組ませるための授業の工夫】
・より多くの生徒が主体的にインタビューを行えるように，関係性，性別，年齢，体格，好み，よく食べる料理など，贈る対象の調査や，対象への理解を深めるための視点をこの中からいくつか提示する。

第三次（7時間） 作品制作 ●アイデアスケッチなどを基に，素材と関わりながら制作を行う。	技 ↓		態表 ↓	◀ 主体的に表現方法を創意工夫しようとしたり，見通しをもって表そうとしたりする態度を見取る。できていない生徒に対しては，彫り方の基本について過去の授業経験を思い出させながら表現の工夫などについての意欲を高めるような指導を行う。（活動の様子，作品）

【主体的に学習に取り組ませるための授業の工夫】
・用途に応じた材料選択が可能になるように，数種類の木材を用意するとともに，試し彫りなどが行えるように準備をしておく。
・木材の特性に応じた加工を可能にするために，生徒の彫刻刀以外に，各種金属・紙やすり，手刀など多様な用具を準備しておく。

	｜ 知技	｜ 発	｜ 態表	◀ 主体的に制作に取り組み，客観的な視点に立ち，造形の要素の効果などを理解しようとし，見通しをもち表現の意図に応じて工夫して表そうとしている態度を評価する。【活動の様子，作品】

第四次（1時間） 鑑賞 ●作品の意図とねらいを共有し，作者の心情や表現の意図と創造的な工夫，美術文化などについて考える。 ・（鑑賞①）仲間の作品を鑑賞し，交流する。 ・（鑑賞②）箸を贈りたい相手に実際に手渡した時の状況や贈った相手からのコメントを持ち寄り交流する。	知 ↓ ｜ 知	鑑 ↓ ｜ 鑑	態鑑 ↓ ｜ 態鑑	◀ 主体的に鑑賞の活動に取り組む様子を見取り，できていない生徒には作品だけでなく表現の意図や工夫に着目させる。（活動の様子，作品）

箸の調和のとれた洗練された美しさなどを感じ取ろうとしたり，作者の心情や表現の意図と創造的な工夫，美術文化などについて，見方や感じ方を深めようとしたりしているかを評価する。【活動の様子，ワークシート】

※指導と評価の計画における記号の表記は前出の事例と同様である。

4 「主体的に学習に取り組む態度」の指導と評価の流れ

　本題材のような，工芸における「主体的に学習に取り組む態度」は，例えば学習指導要領において「イ(ウ)　使う目的や条件などを基に，使用する者の立場，社会との関わり，機知やユーモアなどから主題を生み出し，使いやすさや機能と美しさなどとの調和を総合的に考え，表現の構想を練ること」とあるように，主題や使いやすさと機能を生み出すために，様々な視点から題材を見つめることが重要となります。

　本題材においては事前インタビューや調査などを行って主題の創出のきっかけをつくるとともに，使う者の立場になって，持ちやすさや使いやすさを多角的に捉えながら制作するために，可能な限り多様な材料や用具などを準備し，実際に手に取ったり，選択できるようにしたりして主題の創出やその実現につなげるように配慮しています。

①態鑑 （第一次）

　第一次では，様々な種類の箸を鑑賞し，その歴史や世界での箸の使われ方などを調べて，箸とその文化に興味や関心をもち，主体的に材料（木材）の特性や効果，箸のもつ文化的側面について見方や感じ方を深めているかを評価します。インターネットや図書室の書籍などの資料を調べてまとめたレポートの記述から，箸を多くの視点から見つめているかを見取ります。具体的には素材や形状などの機能面，塗装や彫り，装飾などの美に関する記述の両方が記述されていることはもちろんのこと，単に情報を書き写すのではなく，箸のマナーや歴史的，地域的な背景など箸にまつわる様々な文化とそのよさなどを，自分なりの感じ方や解釈で述べているかという点を大切にして，それが不十分な場合は，他の視点を提示したり，質問を投げかけたりすることで気が付けるように指導します。

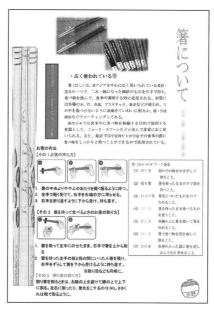

②態表 （第二次）

　第二次では，実際に贈りたい相手に行ったインタビューを基に主題を生み出すとともに，見通しをもった構想を練ることが目的になります。自分の行ったインタビューなどを基に主題を生み出すのはもちろんのこと，仲間と交流しながら，構想するに当たって，不足している点，誤った解釈をしていないかどうかなどを自ら考え，確認し，必要に応じて再度インタビューを行うなどして，構想を練るに当たっての準備などを主体的に整えようとしているかなどの確認することが大切です。そういった，粘り強く対象や主題と向き合う態度を見取ります。

構想を進める中で重要なのは，主題を基に，箸の長さや太さ，形などの表し方を工夫してアイデアスケッチを主体的に行うことであり，事前インタビューを基にした主題を作品につなげ，表現するために，材料と関わり，粘り強く考える態度を机間指導やアイデアスケッチなどを見ながら評価する必要があります。

③ 態表 （第三次）

第三次は制作の場面となります。アイデアスケッチなどを基に，素材と関わりながら制作を行います。硬度，密度，重量などの異なる数種類の木材を用意し，自分の主題に応じた木材を選ぶことを可能としました。この時に，単に「削りやすそう」「みんなが使っているから」という視点ではなく，あくまでも自分の主題に適切な素材選択をするように，声かけを行います。また，素材選びに困っている生徒には，再度実物の作品例を提示するとともに，実際に手に取って，持ちやすさや感覚などを確認しながら，改善の視点に気付かせるように助言をします。

④ 態鑑 （第四次）

第四次は鑑賞の場面となります。作品の意図とねらいを共有し，そのよさや価値などを認め合うことがねらいです。ここでの鑑賞は，作品そのものを鑑賞する鑑賞①と箸を贈った後の鑑賞②からなります。

鑑賞①では，目的や機能との調和のとれた洗練された美しさなどを感じ取り，作者の心情や表現の意図と創造的な工夫などについて考えようとすることや，日本の受け継がれてきた表現の特質などから，伝統や文化のよさや美しさを感じ取ろうとすることが中心となります。

鑑賞②では，箸を贈りたい相手に実際に手渡した時の状況や贈った相手からのコメントを持ち寄ります。作品の出来と実際に贈った相手が使ってみての使いやすさや，機能を超えた箸の果たす役割を主体的に考えながら鑑賞をしたかどうかをレポートや交流から得たコメントを通して評価します。

ここでは，主体的に箸の調和のとれた洗練された美しさなどを感じ取ろうとし，作者の心情や表現の意図と創造的な工夫，美術文化などについて，見方や感じ方を深めようとしているかどうかを第一次の鑑賞と併せて評価し，総合的に判断します。

5 「主体的に学習に取り組む態度」の評価の実際

本題材の「主体的に学習に取り組む態度」では，美術の創造活動の喜びを味わうことや，主体的に目的や機能などを考えた表現及び鑑賞の学習活動に取り組もうとしている姿を見取ります。ここでは，箸を使う対象と積極的に関わり，そこで得た情報と，木材の特徴を重ね合わせ

て，いかにして対象にとって使いやすく，愛着のあるものにできるかを深く考えようとしているかが重要となります。

　　一緒に住む祖父母は昔からドールハウスを趣味としているので，かわいい人形っぽい形のものを箸の端に彫ろうと思っていました。家で祖父母にインタビューをしたのですが，やはりかわいいものが好きなことが分かりました。そんな中，最近握力が落ちてきて，箸ではなくスプーンやフォークでおかずなどを取って食べることが増えたそうです。そう言われてみれば確かにそうでした。とはいえ，和食をフォークで食べることには抵抗があるらしく，残念な思いをしているそうです。そこで私は今回の箸は，２人が大好きな煮物を取りやすいデザインにしたいと考えるようになりました。短く，軽く，そして滑りにくい形がいいのではないかと考えています。でも，ずっと使ってほしいので，かわいい彫り物は入れたいと思います。

【生徒の記述例】「十分満足できる」状況（A）の記述例

　この生徒は，当初は「かわいいもの」をつくりたいという気持ちでしたが，祖父母と改めて話をし，食事の様子を観察する中から，単にかわいい箸ではなく，好んでよく食べる煮物を取りやすい箸にしようという考えに行き着きました。一見軽くて問題のなさそうな箸ではあっても使う側の状況によっては使いにくいものであることを理解し，使い手に寄り添うことの大切さを感じたのです。デザインを「美」の側面のみで考えていた生徒が，自己調整を図り，使い手にとっての「使いやすさ」といった「機能」を主体的に捉えることができたという点で，本生徒は活動の様子と併せて「十分満足できる」状況（A）に該当すると判断しました。

　　僕は妹への箸をつくろうと思っています。妹は５つ下の小学生です。妹はアニメが好きなので，そのキャラクターの絵を描いてあげると喜んでくれるのではないかと思っています。好きな食べ物を聞いたところ，カレーライスだというので，本当は箸ではない方が嬉しいのかもしれません。カレーを食べる箸はさすがに難しいので，２番目に好きな味噌ラーメンを食べるための箸にしようかなと思っています。妹らしく，小さくかわいい箸をつくりたいです。

【生徒の記述例】「おおむね満足できる」状況（B）の記述例

　妹への愛情が深く，真剣に制作に臨んでいました。課題として与えたインタビューも行い，趣味や好みを把握することができたようです。妹の好みをデザインに絵として反映させている一方，食事の様子を捉え，若干小さなサイズにはしたのですが，麺の掴みやすさや手に合った太さなど，妹にとって使いやすいといった機能面での配慮が十分ではありませんでした。このように，この生徒は「美」の側面への意識はあったのですが，「機能」という側面への意識はやや低かったため，「おおむね満足できる」状況（B）と判断しました。

（水野　一英）

美術がつくる豊かなくらし
〜美術文化の過去から未来への継承と発展〜

1 題材の目標及び評価規準

(1)・形や色彩，材料，光などの性質や，それらが感情にもたらす効果や，造形的な特徴などを基に，全体のイメージで捉えることを理解<u>する</u>（している）。

(2)・日本の美術作品や受け継がれてきた表現の特質などから伝統や美しさを感じ取り，諸外国の美術や文化との相違点や共通点に気付き，美術文化の継承と創造について考えるなどして，見方や感じ方を深め<u>る</u>（ている）。

(3)・美術の創造活動の喜びを味わい，<u>感性を豊かにし，心豊かな生活を創造していく態度を養い</u>，主体的に美術文化などの鑑賞の学習活動に取り組<u>む</u>（もうとしている）。

※文末の（ ）内は，評価規準としての文言。 の箇所は，個人内評価として扱うものを示す。

2 題材の目標と学習指導要領との関連

第2学年及び第3学年

「B鑑賞」(1)イ （思考力，判断力，表現力等：鑑賞に関する資質・能力）

　(イ)　日本の美術作品や受け継がれてきた表現の特質などから，伝統や文化のよさや美しさを感じ取り愛情を深めるとともに，諸外国の美術や文化との相違点や共通点に気付き，美術を通した国際理解や美術文化の継承と創造について考えるなどして，見方や感じ方を深めること。

〔共通事項〕(1)　（知識及び技能：造形的な視点を豊かにするための知識）

　ア　形や色彩，材料，光などの性質や，それらが感情にもたらす効果などを理解すること。

　イ　造形的な特徴などを基に，全体のイメージや作風などで捉えることを理解すること。

3 指導と評価の計画（1時間）

●学習のねらい ・学習活動	主な評価の観点及び評価方法，留意点		
	知技	思判表	主体的に学習に取り組む態度
第一次（1時間） 鑑賞 ●江戸時代（前期，後期）の浮世絵を比較鑑賞する。 ・それぞれの時期の浮世絵を比較鑑賞し，着物の柄や色彩など造形的な特徴などを基に，全体のイメージを捉え，見方や感じ方を深める。 ・作品の表現の特徴から感じ取った共通点や相違点について考えたことをワークシートにまとめ，ペアやグループで話し合い，全体で共有する。	知↓	鑑↓	態鑑↓ ◀ 主体的に鑑賞の活動に取り組み，造形的な視点を働かせ，それぞれの作品の表現の特質などから相違点や共通点について感じ取ろうとしたり，考えようとしたりしているかを見取る。できていない生徒に対しては，〔共通事項〕に示されている内容を視点として着目させるなどの指導を行う。（活動の様子，発言内容，ワークシート）

【主体的に学習に取り組ませるための授業の工夫】
・生徒の身近なデザインや，広告，コマーシャルなどに使われている浮世絵を紹介し，浮世絵への興味や関心を高める。
・右のようなワークシートで比較する浮世絵以外にも，他の人物や風景などが描かれている浮世絵についても江戸時代の時期ごとに整理して必要に応じて紹介する。

菱川師宣『見返り美人図』と喜多川歌麿『ビードロを吹く娘』を比較する

作品	時代	作品から感じたこと，考えたこと，気付いたこと

共通点	相違点

●江戸時代の時代背景と作品に見られる主題性などに着目し，見方や感じ方を深める。
・江戸時代のそれぞれの時期によって人々の生活がどのように変化したのかを端末を使って調べる。
・知識を活用しながら作品を再度鑑賞し，作者の心情や意図と表現の工夫などとの関係について感じたことや考えたことをワークシートにまとめる。
・感じたことや考えたことについてグループで話し合い，クラス全体に発表する。

態鑑↓ ◀ 主体的に作品を鑑賞し，作者のことや時代背景について調べようとしたり，知識を活用して見方や感じ方を深めようとしたりしている姿を見取る。できていない生徒に対しては，時代背景に関するキーワードを示し，知識を活用して意図と表現の工夫などとの関係から見方や感じ方が深まるようにする。（活動の様子，ワークシート）

【主体的に学習に取り組ませるための授業の工夫】
・端末で調べる際には，関連する検索キーワードを必要に応じて示し，検索が苦手な生徒も調べやすくしておく。

●本時の学習をまとめる。 ・今回の鑑賞の学習を通して学んだことを基に，美術文化の継承と創造について自分の考えをまとめる。	知	鑑	態鑑

主体的に作品を鑑賞し，時代背景と表現との関係について考えようとしたり，日本の美術文化のよさや，生活に求めた願いや心の豊かさなどについて感じ取ろうとしたりする態度を評価する。【活動の様子，ワークシート】

※指導と評価の計画における記号の表記は前出の事例と同様である。

4 「主体的に学習に取り組む態度」の指導と評価の流れ

　本事例は，生活や社会の中の美術の働きや美術文化について考え，見方や感じ方を深めることを学習のねらいとしています。第2学年及び第3学年では，一人一人の生き方や価値観が形成されていく時期であることから，これまで学んできたことや，身近な環境の中に見られる美術文化などを鑑賞の対象として取り上げることで，主体的に美術について生活や社会，歴史などの関連で見つめられるようにしたり，日本文化の根底に受け継がれてきた独自の美意識や，それぞれの時代の創造的精神や創造への知恵などについて捉えたりできるようにすることが大切です。

　また，美術文化は，その時代では文化という捉え方をされなかったものが，時代の流れと変化の中で地域の中で文化として根付いたり，永きに亘って引き継がれたりしているものも多くあります。そのことから美術文化の鑑賞では，学習を通して過去の美術文化を学ぶことで，現在を考えるきっかけになったり，現代の美術文化を学ぶことが未来について考えるきっかけになったりします。そのため，主体的に美術文化の鑑賞の学習に取り組めるようにするためには，題材の内容が，単に過去の知識を学ぶ学習に留まらず，美術文化を生徒一人一人が自分ごととして捉えられるようにし，美術文化の継承と発展の当事者となることにつながるような展開が求められます。

　本事例においては，江戸時代の時期の異なる二つの浮世絵を比較鑑賞し，対象から色彩を豊かに捉え，配色によって印象が変化することや組み合わせによる構成の美しさについて考えたり，色味や明るさ，鮮やかさの類似や組み合わせなど，分析的に日本文化の根底に受け継がれてきた独自の美意識や創造への知恵などを感じ取ったりし，見方や感じ方を深める中で美術文化への関心を高め，それらを大切にしていこうとする態度を育てることを目的としました。

　また，日本の美術の時代的な大まかな流れと表現の特質，作品に見られる各時代の人々の感じ方や考え方，生き方や願いなどを感じ取り，独自の美意識や創造的精神，生活に求めた願いや心の豊かさなどを捉えさせることも重要です。

　そのため，本事例の第2学年の「主体的に学習に取り組む態度」の評価では，それぞれの時代に見られる表現の特性や文化の独自性にも着目させながら，受け身ではなく，主体的に美術文化の多様性についても学ぶことができるようにします。そして美術文化への関心を高め，そ

れらが現代においても大きな意味をもつことを理解するとともに，それらを自分ごととして大切にしていこうとする態度が養われるよう指導を行います。

①態鑑（第一次：前半）

　第一次の前半では，江戸時代（前期，後期）の浮世絵を比較鑑賞します。ここでは，生徒が主体的にそれぞれの時期の浮世絵を比較鑑賞し，着物の柄や色彩など造形的な特徴などを基に，全体のイメージを捉えようとしたり，作品の表現の特徴から感じ取った共通点や相違点について考えようとしたりしている姿を見取ります。

　特に最初の段階では，できていない生徒を把握し，〔共通事項〕に示されている，形や色彩，材料，光などの性質，それらが感情にもたらす効果を，全体のイメージや作風等で捉える視点に着目させるなどの指導を行い，見方や感じ方を深められるようにします。また，比較鑑賞などの活動を通して，粘り強く比較鑑賞に取り組んだり，特に自己調整を図りながら意欲的に美術文化の継承と創造について考えようとしたりする顕著な状況が見られたりする場合には，暫定的に「十分満足できる」状況（Ａ）と記録をしておきます。

②態鑑（第一次：後半）

　第一次の後半では，江戸時代の時代背景と作品に見られる主題性などに着目し，見方や感じ方を深める鑑賞の活動を行います。ここでは，生徒が端末を用いて江戸時代のそれぞれの時期における歴史的な内容などを調べ，主体的にそこでの知識などを活用しながら，再度二つの浮世絵を鑑賞し，それぞれの作者の心情や表現の意図と作風などとの関係から見方や感じ方を深めようとしている姿を見取ります。

　また，生徒の活動の様子やワークシートの記述内容から，生活や社会，歴史などの関連で着目して，日本文化の根底に受け継がれてきた独自の美意識や，それぞれの時代の創造的精神や創造への知恵などを感じ取ろうとしていたり，継承した価値や文化を積極的に創造していこうとしたりする姿などが見られる場合には，暫定的に「十分満足できる」状況（Ａ）と記録をしておき，前半での状況と併せて総合的に「主体的に学習に取り組む態度」の実現状況を判断するようにします。

5 「主体的に学習に取り組む態度」の評価の実際

　本事例では「主体的に学習に取り組む態度」の評価規準を，「美術の創造活動の喜びを味わい，感性を豊かにし，心豊かな生活を創造していく態度を養い，主体的に美術文化などの鑑賞の学習活動に取り組もうとしている」としています。1時間の題材ですから，この授業だけで全ての鑑賞に関する資質・能力を見取るという設定ではなく，学期や年間を通じた鑑賞の学習

の一つとして位置付けて，複数の鑑賞の学習の実現状況から評価の総括を考えることも大切です。また，評価規準の「感性を豊かにし，心豊かな生活を創造していく態度を養い」の部分は，個人内評価として，一人一人のよい点や進歩の状況などを，授業中の声かけや，ワークシートの記述への返事などの中で積極的に生徒に返していくことも生徒の励みや，学習に対する意欲を高めることにつながっていくものですので，丁寧に行っていきたいものです。

　観点別学習状況として評価する「主体的に学習に取り組む態度」では，比較鑑賞において粘り強く取り組んだり，端末や資料を調べたりするなど，自己調整を図りながら学習する姿の双方から一体的に見取るように意識することが大切です。

　ここでは，美術文化についての見方や感じ方を深める活動を通して，第1学年で培った見方や感じ方を，第2学年で柔軟に活用し，日本の美術作品や受け継がれてきた表現の特質や時代背景による表現の相違点や共通点などに着目して，見方や感じ方を深められるようにすることが求められます。そして「主体的に学習に取り組む態度」が，そうした学習を支えているという考えに立って，評価規準に基づいて活動の様子やワークシートの記述などを丁寧に見取り，生徒の学びに働き，指導の工夫や改善につながる指導と評価を実践することが大切です。

　ここでは，鑑賞の活動の様子とワークシートの記述から，「十分満足できる」状況（A）と判断した例について取り上げて以下に示します。

> 　最初，二つの浮世絵を見比べた時には，どちらも着物を着た女の人なので，あまり違いが分からなくて何をしたらいいのか分かりませんでした。でも，その後，浮世絵のことばの意味や，それぞれの作品が描かれた時代背景や作者のことを知って見たら，それぞれの違いに気付きました。それがとても面白く，もっと作品や作者のことを知りたいと思いました。
> 　友達と意見交換した時には，同じ絵を見ても一人一人の見方とか感じ方が違うこともとても面白かったので，たくさん友達に質問しました。役者絵などの浮世絵版画は，当時は庶民の娯楽の一つだったことを知って，今の私たちの生活に普通にあるものも，100年後には美術文化になっているのかもしれないと思うと，身の回りのものにもっと注目していきたいと思いました。

「十分満足できる」状況（A）の記述例

　この生徒は，活動の様子からは，終始，熱心に鑑賞の活動に取り組んでいたと思っていましたが，ワークシートの記述からは，前半の比較鑑賞におけるとまどいが記述されていました。このことから，次回の授業では，今回の活動で使った作品の選定を見直したり，比較する際の視点の示し方を工夫したりするなどの指導の改善が必要だと思います。

　「主体的に学習に取り組む態度」に関する記述では，知識を活用して，見方や感じ方を深めようとしている様子や，活動の様子と記述からこの生徒が積極的にペアやグループの活動に取り組んでいる様子が見取れます。また，本事例の目標にある「伝統や文化のよさや美しさを感じ取り愛情を深める」ことへ向かう態度の高まりも読み取れました。

　　今日の浮世絵の鑑賞の授業で，文化をつくるのは，作品の素晴らしさだけがつくるんじゃなく，それに関わった人たちがつくっていくんだということが分かりました。作品には，絵からだけでは分からない，時代の背景や，作者の込めた思いや願いがあること，それを知ることでより作品の面白さやすごさが分かることに気付きました。また，浮世絵のことを調べてみたら，美術の文化は特別なものじゃなく，私たちの今の生活にも普通にあることだと分かりました。

　　今でも美術そのものを生活の中に多用することで，仕事がはかどったり，勉強に集中できたり，疲れている時に自然に癒されたりと，人間の生活を豊かにすることができると思うし，ファッション，メイクなどの身近な美しさだけじゃなく，モノの形や暮らしの形など，色々なところに美術の力が生きていると思いました。これから先も，デザインなどはどんどん発展していくと思うし，それに合わせて美術の力もどんどん発展していくと思います。それぞれの時代に新しい「美しい」が生まれ，その力でさらに生活は人々にとって，地球に生きる生物にとっても豊かでいいものになっていくことは，江戸時代も今も変わらなくて，それが美術の文化なのかなって思いました。

「十分満足できる」状況（A）の記述例

　この生徒の記述からは，浮世絵の比較鑑賞や，知識を活用した鑑賞を深める活動を通して，江戸時代の生活の中における独自の美意識を見いだしてきた先人の創造的な精神や創造への知恵などが，現代にも通じるものであることに気付いていることが読み取れます。活動の様子からも，粘り強く比較鑑賞に取り組んでいる様子や，端末や資料を調べたりする時も熱心に学習する姿が見られました。また，記述の後半では，継承した価値や美術文化を積極的に創造していこうとする姿を見取ることができます。

　観点別学習状況の評価では，題材の目標に照らして，Bの「おおむね満足できる」状況を基準に，Aの「十分満足できる」状況や，Cの「努力を要する」状況を判断しますが，Aの状況については，Bを基準にして「このことが実現できていればAと判断する」といったいくつかのキーワードをあらかじめつくっておくと，活動の様子やワークシートの記述の内容から判断する時に判断のブレが少なくなり，妥当性，信頼性のある評価に近付けるかと思います。

（鈴野　江里）

カトラリーの秘密
～身の回りのモノどうしてその形なの？～

1　題材の目標及び評価規準

(1)・形や材料などの性質及びそれらが感情にもたらす効果や，使いやすさに関わる造形的な特徴などを基に，全体のイメージで捉えることを理解<u>する</u>（している）。

(2)・目的や機能，使いやすさと調和のとれた洗練された美しさなどを感じ取り，作者の心情や表現の意図と創造的な工夫などについて考えるなどして，美意識を高め，見方や感じ方を深め<u>る</u>（ている）。

(3)・美術の創造活動の喜びを味わい，<u>感性を豊かにし</u>，主体的に目的や機能との調和の取れた洗練された美しさなどを感じ取り，作者の心情や表現の意図と工夫などについて考えるなどの見方や感じ方を深める鑑賞の学習活動に取り組<u>む</u>（もうとしている）。

※文末の（　）内は，評価規準としての文言。___の箇所は，個人内評価として扱うものを示す。

2　題材の目標と学習指導要領との関連

第2学年及び第3学年

「B鑑賞」(1)ア　（思考力，判断力，表現力等：鑑賞に関する資質・能力）

　(イ)　目的や機能との調和のとれた洗練された美しさなどを感じ取り，作者の心情や表現の意図と創造的な工夫などについて考えるなどして，美意識を高め，見方や感じ方を深めること。

〔共通事項〕(1)　（知識及び技能：造形的な視点を豊かにするための知識）

　ア　形や色彩，材料，光などの性質や，それらが感情にもたらす効果などを理解すること。

　イ　造形的な特徴などを基に，全体のイメージや作風などで捉えることを理解すること。

3 指導と評価の計画（1時間）

●学習のねらい ・学習活動	主な評価の観点及び評価方法，留意点			
	知技	思判表	主体的に学習に取り組む態度	
第一次前半（0.5時間） 鑑賞 ●カトラリーを鑑賞して，使う目的や条件に基づきながら造形的な視点に着目し，見方や感じ方を深める。 ・普段使っているカトラリーを，造形的な視点を基に鑑賞しワークシートにまとめる。（事前に写真撮影や食器を持ってきてもらう） ・グループでお気に入りのカトラリーを説明し合う中で，自分のカトラリーとの違いを比較し，造形的な視点からよさを見付ける。	知 ↓	鑑 ↓	態鑑 ↓	用途に関するデザインに興味や関心をもち，形や材料などの性質などを理解しようとしたり，調和の取れた美しさを感じ取ろうとしたり，表現の意図や工夫などについて考えようとしているかを見取る。できていない生徒に対しては，使ったり他と比較したりしながら使う者の立場に立たせる指導を行う。（活動の様子，発言内容，ワークシート） 【主体的に学習に取り組ませるための授業の工夫】 ・自分が普段使っているカトラリーを鑑賞対象にすることで，誰もが話しやすくし，主体的に鑑賞活動に取り組めるようにする。
第一次後半（0.5時間） 鑑賞 ●カトラリーを触ったり，使ったりしながら鑑賞して，主題と表現の関係や意図と創造的な工夫などについて考え，見方や感じ方を深める。 ・様々な種類のカトラリーを触りながら鑑賞したり，様々な立場になりきって鑑賞したりし，造形的な視点に立って工夫を話し合う。 ・デザイナーのインタビューを見る（または記事を読む）。 ・授業の振り返りを行う。	｜ 知		｜ 態鑑	【主体的に学習に取り組ませるための授業の工夫】 ・多様な立場に立って考えられるように，乳幼児や障害者用のカトラリーを用意する。また，液体や固形物を皿に盛っておき，使用感について実感を伴って考えることができるようにする。 主体的に鑑賞に取り組み，形や材料などの効果や全体のイメージで捉えることを理解しようとし，客観的な視点に立って造形的なよさや美しさを感じ取ろうとしたり，作者の心情や表現の意図と創造的な工夫などについて粘り強く考えようとしたりしているかどうかを評価する。【活動の様子，ワークシート】
〈授業外・授業終了後〉 身の回りの生活用品から優れたデザインを探し出し，レポートにまとめる。		｜ 鑑		

※指導と評価の計画における記号の表記は前出の事例と同様である。

4 「主体的に学習に取り組む態度」の指導と評価の流れ

　本事例では，題材の評価規準において「美術の創造活動の喜びを味わい，感性を豊かにし，主体的に目的や機能との調和の取れた洗練された美しさなどを感じ取り，作者の心情や表現の意図と工夫などについて考えるなどの見方や感じ方を深める鑑賞の学習活動に取り組もうとしている」としており，その趣旨に応じて生徒の実現状況を見取ることが求められます。学習指導要領解説には，第2学年，第3学年の鑑賞では，「第1学年で学んだことを基に，より深く作品に向かい合ったり，自分の価値意識をもって批評し合うなどして他者と考えを交流したりする中で，美意識を高め，作品や対象の見方や感じ方を深めることができるよう指導することが大切」だと記されています。

　第一次前半では，本事例の知と対応させて，主体的に対象と向き合い，〔共通事項〕の内容を理解しようとしたり，鑑と対応させて，主体的に造形的なよさや美しさを感じ取ろうとしたり，他者の見方や感じ方を基に粘り強く鑑賞しようとする姿を見取ることになります。第一次後半では，前半で理解した知識を活用しながら，使う者の立場に立って考えたり，調和のとれた洗練された美しさについて考えようとしたりする姿を中心に見取り，第一次の前半と後半の評価を総括して「主体的に学習に取り組む態度」の評価とします。

　基本的には授業中の活動の様子から評価しますが，授業終了後に，ワークシートに記入された内容からも生徒の取り組む姿を読み取り，授業全体の総括的な評価として加えることもあります。本事例の鑑賞活動も，対象と深く向き合う場面を設定したり対話的な活動により鑑賞を深められるようにしたり，ワークシートを工夫して生徒が自己調整を図れるように工夫しています。また，触ったり，使ったりしながら，鑑賞することで新たな視点や立場からの発言が増え対話が深まります。こうした主体的な様子を捉えて指導と評価を行うことが大切です。

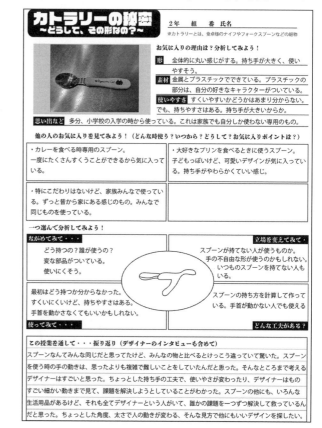

本題材のワークシートの記述例

①態鑑（第一次：前半）

第一次前半では，自分が普段使っているカトラリーを鑑賞し，よさや美しさを感じ取ろうとしたり，作者の心情や表現の意図と創造的な工夫などについて考えようとしたりするなどの意欲や態度を評価します。対象のよさを捉えようとするワークシートの記述などから，特に意欲的に，対象に施された工夫など

お気に入りの理由は？分析してみよう！

形	全体的に丸い感じがする。持ち手が大きく、使いやすそう。
素材	金属とプラスチックでできている。プラスチックの部分は、自分の好きなキャラクターがついている。
使いやすさ	すくいやすいかどうかはあまり分からない。でも、持ちやすさはある。持ち手が大きいからか。

生徒の記述例①　個人の鑑賞

を捉えようとする顕著な状況が見られたりする場合には，「十分満足できる」状況（A）と評価します。例えば，様々な角度から対象を観察する姿や，友達の持ってきた対象と比較しながら形の違いや材料の違い，使いやすさの違いに気付こうとする態度を評価し記録しておく必要があります。

他の人のお気に入りを見てみよう！（どんな時使う？いつから？どうして？お気に入りポイントは？）

・カレーを食べる時専用のスプーン。一度にたくさんすくうことができるから気に入っている。	・大好きなプリンを食べるときに使うスプーン。子どもっぽいけど、可愛いデザインが気に入っている。持ち手がやわらかくていい感じ。
・特にこだわりはないけど、家族みんなで使っている。ずっと昔から家にある感じのもの。みんなで同じものを使っている。	

生徒の記述例②　グループの鑑賞

「生徒の記述例①」は，生徒が自分のスプーンをじっくりと鑑賞し分析している記述です。表面的な形の特徴や材料のことについて触れています。「生徒の記述例②」のグループで説明し合う鑑賞では，形の違いにも気付きながら，目的や用途についての記述があり，用途によって形が違っていることに気付いていることが分かります。グループでの話し合いの様子を見て，段階的に見方が深まっている姿や記述に注目して記録しておくといいかもしれません。

しかし，授業中に全ての生徒を評価することは困難であることから，授業中は，ワークシートの記述や発言の内容，取り組む態度などから鑑賞が深まっていない視点などについて，個々の生徒や学級全体に助言することに重点を置くことになります。

②態鑑（第一次：後半）

第一次後半では，教師側が用意したカトラリーをグループで鑑賞し，触ったり，実際に使ったりしながら，調和の取れた洗練された美しさに気付こうとしたり，作者の心情や表現の意図と創造的な工夫などについて考えようとしたりするなどの意欲や態度を評価します。対象のよ

さを捉えようと発言をする姿が繰り返し見られたり，ワークシートの記述などから，特に意欲的に作品のよさなどを捉えようとする顕著な状況が見られたりする場合には，「十分満足できる」状況（A）と評価します。

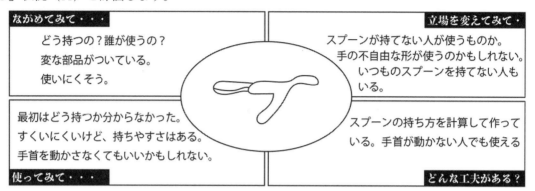

ながめてみて・・・
どう持つの？誰が使うの？
変な部品がついている。
使いにくそう。

立場を変えてみて・
スプーンが持てない人が使うものか。
手の不自由な形が使うのかもしれない。
いつものスプーンを持てない人もいる。

最初はどう持つか分からなかった。
すくいにくいけど，持ちやすさはある。
手首を動かさなくてもいいかもしれない。

スプーンの持ち方を計算して作っている。手首が動かない人でも使える

使ってみて・・・

どんな工夫がある？

生徒の記述例③　使いながらの鑑賞

「生徒の記述例③」は，生徒の鑑賞のワークシートの記述ですが，ワークシートの記述から違う立場に立って考えていることや造形的な要素との関係から作者の意図と創造的な工夫について自分なりの根拠をもって考えていることが伺えます。また，活動の様子では，実際に皿に盛られた液体をすくったり，固形物を他の皿にうつしたりします。こうした活動の中で生徒は様々な発言をしたり，使い方を模索したりする姿が見られます。

　第一次前半の見方から深まった状況を生徒の姿やワークシートの記述，最後の振り返りの文章等から見取ります。第一次前半から後半にかけて見方が深まり，新たな視点で鑑賞するなど，継続して意欲的に取り組んだりする姿などを総括に用いる評価として記録しておきます。

　また，今後の自分の制作活動に生かそうとする記述やこれまでの授業との関連について言及している記述については自己調整的な学習の姿として見取り，総括的な評価として記録しておきます。なお，ワークシート等の記述については，文章量や文章力ではなく，学習のねらいに応じた内容を見取る必要があります。そのため，文章表現を得意としない生徒は事前に把握しておき，適宜対話をしながら観点別の実現状況を把握しておくことが必要です。表記については，メモでも箇条書きでも可とし，負担感を与えない配慮をすることも必要です。

5 「主体的に学習に取り組む態度」の評価の実際

　本題材における「主体的に学習に取り組む態度」の評価の実際では，鑑賞の学習に粘り強く取り組む態度や自己調整的に学習に臨む態度を見取ることになります。観点別評価や評定にはなじまず，こうした評価では示しきれないことから個人内評価（個人のよい点や可能性，進歩の状況について評価する）を通じて見取る部分があります。鑑賞における生徒の態度や記述等で，「感性」などに触れるものがあれば個人内評価として，生徒一人一人に対して評価し大切

に育んでほしいことを伝える必要があります。

普段から自分が使っているスプーンやフォークをこんなにもじっくりと見ることはありませんでした。ほとんど同じだと思っていた形は，実は全然違うことに驚きました。一番驚いたのは，少しのギザギザが付いたことで切れ味が変わり，体の動かし方まで変わってしまうことです。飛行機の機内食で使われるナイフのデザインは，そこまで考えられてつくられていたことに驚きました。人間の動きを計算してデザインする視点で生活を見ると，実は色んなところに存在することに気付きました。あと面白かったのは，班の人の食器への思い出です。一人一人思い出があって，自分にしか分からない「感覚」というものをもっていると思いました。

「十分満足できる」状況（Ａ）の記述例

　この生徒は，この鑑賞の授業によって見方が変わったことを自覚し，振り返りに記述しています。飛行機の機内食のナイフの話を聞き，驚くとともに日常生活とデザインの関わりに興味をもっていることが伺えます。また，作家（デザイナー）の心情や意図と創造的な工夫について理解しようとする態度もこの記述から分かります。

こんなにもいろんな形のスプーンやフォークがあることを知りませんでした。家にあるものは何も考えないで使っていましたが，手にしっくりくるものを自然と選んでいたんだなと今日気付きました。人によって手の形も動かし方もクセも違うので，今度は，自分にピッタリくるスプーンを選んでみようと思いました。このピッタリ感を追求するデザイナーがいることや，筆記用具みたいに自分に合ったものを選ぶ楽しさもあるんだと分かりました。

「おおむね満足できる」状況（Ｂ）の記述例

　この生徒は，自分の感覚に合うかどうかという視点から，人間の体の動かし方や癖などに合わせてデザインする方法があることに新たに気付いています。しかし，第一次前半の鑑賞では，形の違いについて特に気にしていませんでした。幼児用のスプーンを持たせることによって体の動かし方の違いに気付き，形や素材の違いについて比べようとする態度の変化が見られました。このようにして，前半では活動に取り組む姿が「Ｃ」の生徒でも，視点を与えることによって見方が深まり「Ｂ」以上になることがあります。そのことから評価のタイミングとして，前半は特に「Ｃ」の生徒を重点的に見取ることが重要になります。

（田中真二朗）

私の大切なもの

1 題材の目標及び評価規準

(1)・構図や配色，技法や材料などが感情にもたらす効果や，作品を全体のイメージで捉えることについて理解する（している）。

・材料や用具の特性を生かし，表したい主題に応じて自分の表現方法を追求して創造的に表す（している）。

(2)・自分の大切なものを深く見つめ感じ取ったことや考えたことなどを基に主題を生み出し，主題に応じた構図や配色，技法，材料などの組み合わせなどを考え，創造的な構成を工夫し，心豊かに表現する構想を練る（っている）。

・造形的なよさや美しさを感じ取り，自分や他の生徒の主題に応じた表現方法の創造的な工夫などについて考えるなどして，美意識を高め，見方や感じ方を深める（ている）。

(3)・美術の創造活動の喜びを味わい，感性を豊かにし，美術を愛好する心情を深め，主体的に自分の思いや考えなどを基に構想を練ったり，主題に応じた自分の表現方法を考えて表したりするなどの表現の学習活動に取り組む（もうとしている）。

・美術の創造活動の喜びを味わい，感性を豊かにし，美術を愛好する心情を深め，主体的に造形的なよさや美しさを感じ取り，主題に応じた表現方法の創造的な工夫について考えるなどの見方や感じ方を広げる鑑賞の学習に取り組む（もうとしている）。

※文末の（　）内は，評価規準としての文言。＿＿＿の箇所は，個人内評価として扱うものを示す。

2 題材の目標と学習指導要領との関連

第2学年及び第3学年
「A表現」(1)ア　（思考力，判断力，表現力等：発想や構想に関する資質・能力）

(ア)　対象や事象を深く見つめ感じ取ったことや考えたこと，夢，想像や感情などの心の世界などを基に主題を生み出し，単純化や省略，強調，材料の組合せなどを考え，創造的な構成を工夫し，心豊かに表現する構想を練ること。

(2)ア　（知識及び技能：技能に関する資質・能力）

（ア）　材料や用具の特性を生かし，意図に応じて自分の表現方法を追求して創造的に表すこと。

「Ｂ鑑賞」(1)ア　（思考力，判断力，表現力等：鑑賞に関する資質・能力）

（ア）　造形的なよさや美しさを感じ取り，作者の心情や表現の意図と創造的な工夫などについて考えるなどして，美意識を高め，見方や感じ方を深めること。

〔共通事項〕(1)　（知識及び技能：造形的な視点を豊かにするための知識）

ア　形や色彩，材料，光などの性質や，それらが感情にもたらす効果などを理解すること。

イ　造形的な特徴などを基に，全体のイメージや作風などで捉えることを理解すること。

3　指導と評価の計画（10時間）

●学習のねらい　・学習活動	主な評価の観点及び評価方法，留意点		
	知技	思判表	主体的に学習に取り組む態度
第一次（9時間） 主題の創出と表現方法の検討 ●自分の大切なものを見つめ直して主題を創出し，主題に応じた表現方法を考える。 ・ワークシートを用いて主題を整理して主題に応じた表現方法を考え，他の生徒に紹介して意見交換する。	知 ↓	発 ↓	態表 ↓　➡ 主体的に自分の大切なものを見つめ直して主題を生み出し，主題に応じた構図や配色，技法，材料などの表現方法を考えようとしているかを見取る。できていない生徒に対しては，大切なものが明確になるよう対話などをする。（活動の様子，ワークシートの記述） 【主体的に学習に取り組ませるための授業の工夫】 ・生徒にとって身近な物事や，夢や目標，大切にしている思いや考えなどに着目させるとともに，大切な理由を考えさせることで，生徒が作品に表す主題を明確にし，表現方法を考えやすくなる。
●主題と表現方法とのつながりを感じ考えながら工夫して主題を絵に表す。 ・主題を基に構図や配色，技法，材料などを工夫して表現する。	技 ↓	発 ↓	態表 ↓　➡ 主題と表現方法とのつながりを感じ取り，よりよい表現に向けさらなる表現方法の工夫を考えようとする主体的な態度を評価する。できていない生徒に対しては，主題と形や色彩などが感情にもたらす効果などとのつながりに着目できるよう助言する。（活動の様子，振り返りの記述） 【主体的に学習に取り組ませるための授業の工夫】 ・必要に応じて技法や材料（画材）などを試す場面を設けたり，他の生徒の作品や過去の美術作品などの多様な表現方法を示したりすることで，生徒が自分なりの表現方法を考え実行し，その効果を確かめて，試行錯誤しながら表現できるようにする。
●作品を完成させる。 ・表現方法の効果を確かめ，主題をよりよく表す作品に仕上げる。			

	知技 |	発 |	態表 | 主体的に表現の活動に取り組み，構図や配色，技法，材料などの効果や作品を全体のイメージで捉えようとし，生み出した主題をよりよく表現するための表現方法の工夫を考えようとする態度を評価する。【活動の様子，作品，ワークシートの記述】
第二次（1時間） 完成した作品の鑑賞 ●他の生徒の作品を鑑賞し，作者の表現の意図と創造的な工夫などについて考え，見方や感じ方を深める。 ・「主題と表現とのつながり」の視点で表現方法の工夫やその過程などを作品とともにプレゼンテーションボードにまとめ，お互いに紹介するなどして鑑賞し，批評し合う。	知 ↓	鑑 ↓	態鑑 ↓ 主題を表現するための構図や配色，技法，材料などの工夫を感じ取り，主題に応じた表現方法の創造的な工夫などについて考えようとしているかや，活動に取り組む態度を見取る。できていない生徒に対しては，表現に用いられた構図や配色などに着目させ，それらの効果から作者が作品に表した主題を考えさせ，そのよさなどに気付かせるなどの指導を行う。（活動の様子，発言の内容，ワークシートの記述）
			【主体的に学習に取り組ませるための授業の工夫】 ・生徒個々の視点とともに，作品を「主題と表現方法とのつながり」という共通する視点で鑑賞させることで，生徒同士が視点を共有して作品や表現方法の創造的な工夫のよさを，表現の過程を含めて感じ取ったり，批評し合ったりできるようにする。
	知 |	鑑 |	態鑑 | 主体的に作品を鑑賞し，構図や配色，技法や材料などの効果や作品を全体のイメージで捉えることを理解しようとし，造形的なよさや美しさを感じ取ろうとしたり，主題に応じた表現方法の創造的な工夫などについて考えようとしたりしているかを評価する。【活動の様子，ワークシートの記述】

※指導と評価の計画における記号の表記は前出の事例と同様である。

4 「主体的に学習に取り組む態度」の指導と評価の流れ

　本事例に該当する第2学年及び第3学年の感じ取ったことや考えたことなどを基に絵に表現する活動における「主体的に学習に取り組む態度の評価」では，第1学年における学習を基盤に，生徒一人一人の学習の過程における主体性を捉えることを重視し，その実現に向けた工夫が必要になります。授業の中で生徒は，表したい主題に応じて画面の構図や配色，技法，材料など表現方法を自分なりに工夫し，時に行きつ戻りつしながら表現する能動的な姿が見られます。このように，主題を表すために考えた表現方法を繰り返し試しながら粘り強く取り組んだり，これまでの経験を踏まえて変更したり，他の生徒の表現のよさを自分の表現に生かしたりする様子など，結果のみならず学習の過程を捉えながら指導と評価を行うことが大切です。

①態表（第一次：前半）

　第一次前半の生徒が主題を創出する活動では，生徒一人一人が表したいと心の中に強く思い

描く主題を生み出したり，主題に応じた表現方法を考えたりする意欲や態度を見取ります。具体的には，生徒の活動の様子やワークシートの記述などを基に生徒を見取りますが，そのために，教師は生徒一人一人と対話をするなどして，細やかに生徒が主題を生み出す過程を把握する必要があります。また，主題の創出に主体的に取り組むことができていない生徒に対しても，対話等を通して生徒の身近な物事や夢や目標などから大切なものを見つめ直させ，その理由を考えさせるなどして主題を明確にさせるとともに，主題を形や色彩など造形の要素と関連付けて考えられるようにする個に応じた細やかな指導が必要です。

　右のコンセプトシートは，生徒が作品に表そうと考えた主題と，主題に応じた表現方法をまとめたものです。また，他の生徒との意見交換などを通して気付いた表現方法は朱書きで記録させます。この記述から，生徒が大切なものを見つめ直すために，深くその理由を考えようと粘り強く自己の内面と向き合ったり，主題に応じた表現方法を造形的な視点を働かせ，時に変更しながら意欲的に考えようとしたりしていたことが分かります。

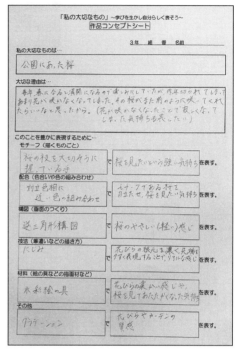

生徒が記述したコンセプトシート

②態表（第一次：後半）

　第一次後半の生徒が主題を絵に表す活動では，自分の表現方法を追求して繰り返し粘り強く取り組もうとしたり，教師や他の生徒の意見を参考に表現方法を変更しようとしたりするなどの意欲や態度を見取ります。生徒が表す主題は一人一人異なるため，それぞれ主題に応じた画面の構図や配色，技法，材料などを考え，表現方法を決定し実行して表現の効果を感じ取り，場合によっては表現方法を変更するなどの試行錯誤を繰り返す活動に取り組みます。そのため教師は完成した作品のみならず，生徒が主題をよりよく表現しようとする過程をも適切に捉える必要があり，具体的には生徒の活動の様子や表現の振り返りの記述などを基に生徒を見取ります。また，主体的に学習に取り組ませるための授業の工夫としては，教師が生徒の必要感に応じて技法や画材などを試す場面を設けたり，他の生徒やこれまで鑑賞した美術作品などの多様な表現方法を示したりするなど，生徒が試行錯誤して活動できるようにすることなどが考えられます。表現の活動に主体的に取り組めていない生徒には，主題と関連深い構図や配色などに着目させたり，表したいイメージに近付く技法を紹介し表現方法の再検討を促したりするなど，表現の意欲が高まるよう指導します。

右は生徒の表現の振り返りの記述ですが，主題を表現するために水彩絵の具と色鉛筆を組み合わせて表したり，目指す質感の表現に向けにじみなどの技法を工夫したりするなど粘り強い取組が分かります。また主題をよりよく表そうと，背景全体を暖色系とする最初の表現方法を寒色系の色との対比による表現に変更し

前頁のコンセプトシートの生徒の作品と表現の振り返りの記述

たり，他の生徒との意見交換による気付きを生かしたりするなど，試行錯誤しながら意欲的に表現の活動に取り組んでいたことが分かります。

③ 鑑賞 （第二次）

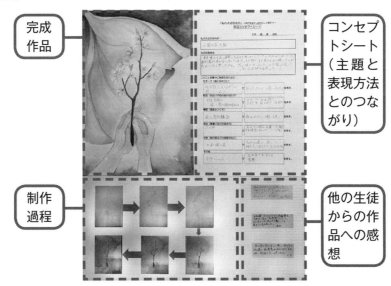

完成作品
コンセプトシート（主題と表現方法とのつながり）
制作過程
他の生徒からの作品への感想

前頁のコンセプトシートの生徒がまとめたプレゼンテーションボード

　第二次の生徒が完成した作品を鑑賞する活動では，自他の作品の美しさを感じ取ろうとしたり表現のよさなどについて考えようとしたりするなどの意欲や態度を見取ります。また授業では，生徒個々が考える鑑賞の視点とともに，表現の活動と双方に働く中心となる考えを踏まえた「主題と表現方法とのつながり」という全体で共通の視点を設け，生徒が時機を捉えて鑑賞の視点を振り返りながら，表現の過程を含めて自分の作品を紹介したり他の生徒の作品を鑑賞したりなどすることで，生徒が主体的に鑑賞し，自分の価値意識をもって批評し合えるなどの

工夫が考えられます。右は生徒の鑑賞の振り返りの記述ですが，この生徒は他の生徒との対話による気付きを生かそうとし，表現方法に着目することで，作者が作品に込めた思いや意図などを感じ取ろうとしたり，作品のよさや美しさへの見方や感じ方を深めようとしたりしていることが分かります。

・表現方法(絵)だけでなく，作者の思いや願いも知ることによって制作の意図や背景を感じとることができる。
・材料や構図，配色などの細かなところにも，作者の意図がわかる。
・対話を深めることによって，相手・自分の作品のよさに気付けた。

生徒が記述した鑑賞の振り返りの記述

5 「主体的に学習に取り組む態度」の評価の実際

本題材の「主体的に学習に取り組む態度」の評価では，表現，鑑賞ともに美術の創造活動の喜びを味わい，感性を豊かにし，美術を愛好する心情を深めることや，主体的に表現及び鑑賞の学習活動に取り組もうとしている姿を見取ることが大切です。また，「感性を豊かにすること」や「美術を愛好する心情を深める」ことは，個人内評価として，個人のよい点や可能性，進歩の状況について積極的に評価するようにし，生徒の主体性を高めたり，励みにつながったりできるようにします。右の学習の振り返りを記述した生徒は，表現においては複数の要素を組み合わせて試行錯誤することで，表現の幅を一層広げようとし，また，鑑賞においては作品の美しさや表現のよさなどへの多様な捉えを大切しようとするとともに，主題をよりよく表すための新たな気付きを得るために，「主題と表現方法とのつながり」など，造形的な視点を豊かに働かせて鑑賞しようとしており，「主体的に学習に取り組む態度」の実現状況は十分満足できる状況であることが分かります。また，右の生徒は，表現においては他の生徒との意見交換を生

・1つの美術の要素だけでなく様々な要素(技法)を組み合わせることで，より主題に沿った表現ができることに気がついた。
・人によって同じ絵を見たときでも捉え方が違った。
・絵を描き始めたときは「画材によっての違い」があまり分からなかったが，鑑賞を通して「画材」も大切な要素だと気付いた。

「十分満足できる」状況（A）の例：生徒が記述した学習の振り返り

自分ではあまり意識していなかった絵の構図から様々なアイデアを提案してくれたので新しい視点に気付くことができた。
また，友達の作品から自分の予想した主題と本当の主題を確認して見方，考え方の違いを実感した。

「おおむね満足できる」状況（B）の例：生徒が記述した学習の振り返り

かして新たな表現方法を考えようとし，鑑賞においては他の生徒の表現方法のよさなどを，自分の考えとの違いなどから感じ取ろうとしており，「主体的に学習に取り組む態度」の実現状況はおおむね満足できる状況であることが分かります。

（前之園礼央）

彫刻

私の世界
～こころ・ことばのかたち～

1　題材の目標及び評価規準

(1)・形や色彩，材料などの性質や，それらが感情にもたらす効果や，造形的な特徴などを基に，全体のイメージや独自の感情から作風などで捉えることを理解する（している）。

　・紙粘土や用具の特性を生かし，意図に応じて立体の表現方法を追求し，制作の順序などを総合的に考えながら見通しをもって創造的に表す（している）。

(2)・自己の内面を深く見つめ，感じ取ったことや考えたこと，夢，想像や感情などの心の世界などを基に主題を生み出し，単純化や省略，空間や動勢，形の組合せなどを考え，創造的な構成を工夫し，心豊かに表現する構想を練る（っている）。

　・造形的なよさや美しさを感じ取り，作者の心情や表現の意図と創造的な工夫などについて考えるなどして，美意識を高め，見方や感じ方を深める（ている）。

(3)・美術の創造活動の喜びを味わい，感性を豊かにし，美術を愛好する心情を深め，主体的に自己の内面を深く見つめ，感じ取ったことや考えたことなどを基に表現したり鑑賞したりする学習活動に取り組む（もうとしている）。

※文末の（　）内は，評価規準としての文言。＿＿＿の箇所は，個人内評価として扱うものを示す。

2　題材の目標と学習指導要領との関連

第2学年及び第3学年

「A表現」(1)ア　（思考力，判断力，表現力等：発想や構想に関する資質・能力）

　(ア)　対象や事象を深く見つめ感じ取ったことや考えたこと，夢，想像や感情などの心の世界などを基に主題を生み出し，単純化や省略，強調，材料の組合せなどを考え，創造的な構成を工夫し，心豊かに表現する構想を練ること。

「A表現」(2)ア　（知識及び技能：技能に関する資質・能力）

　(ア)　材料や用具の特性を生かし，意図に応じて自分の表現方法を追求して創造的に表すこと。

　(イ)　材料や用具，表現方法の特性などから制作の順序などを総合的に考えながら，見通しをもって表すこと。

「Ｂ鑑賞」(1)ア　（思考力，判断力，表現力等：鑑賞に関する資質・能力）

　(ア)　造形的なよさや美しさを感じ取り，作者の心情や表現の意図と創造的な工夫などについ
　　　て考えるなどして，美意識を高め，見方や感じ方を深めること。

〔共通事項〕(1)　（知識及び技能：造形的な視点を豊かにするための知識）

　ア　形や色彩，材料，光などの性質や，それらが感情にもたらす効果などを理解すること。

　イ　造形的な特徴などを基に，全体のイメージや作風などで捉えることを理解すること。

3　指導と評価の計画（8時間）

●学習のねらい　・学習活動	主な評価の観点及び評価方法，留意点		
	知技	思判表	主体的に学習に取り組む態度
第一次（1時間） 鑑賞 ●立体や彫刻の作品を鑑賞し，主題からイメージを広げ，見方や感じ方を深める。 ・作品から，主題と作品のイメージとの関係や，主題を表すための創造的な表現技法，材料の性質，質感などの効果的な活用などについて話し合う。	知 ↓	鑑 ↓	態鑑 ↓　◀　主体的に作品の鑑賞をしようとしたり，造形的な視点に着目して，主題と形や色彩などの効果との関係性を捉えようとしたりしているかを見取る。できていない生徒に対しては，造形の要素の働きや，構成や作風などに着目させるようにしながら主題との関係に気付けるようにする。（活動の様子，発言内容，ワークシートの記述） 【主体的に学習に取り組ませるための授業の工夫】 ・形や色彩から感じられる感情などについて生徒同士で意見交換をさせたり，作品から興味をもったことを言葉で表現させることで造形の要素の働きに注目をさせたりして，イメージを広げ，見方や感じ方が深まるようにする。 主体的に作品に向き合い，主題を表現するために，創造的な表現技法や，材料の性質，質感などの効果的な活用について考えようとしたり，部分や全体の関係からイメージを捉えながら，見方や感じ方を深めようとしたりしているかを評価する。【活動の様子，発言内容，ワークシートの記述】
		| 鑑	| 態鑑　◀
第二次（2時間） 発想や構想 ●主題を生み出す。 ・自己の内面や言葉から自身の世界観のイメージを広げ，表現の主題を生み出す。 ●主題を基に表現の構想を練る。 ・単純化や省略，空間や動勢，形の組み合わせなどを考え，創造的な構成を工夫し，心		発 ↓	態表　◀　主体的に自己の内面を見つめ主題を生み出そうとしたり，よりよい構想を練ろうとしたりする態度を見取る。できていない生徒に対しては，鑑賞の学習について振り返りをさせたり，作家の世界観が表れている作品などを見せたりするなどしてイメージを広げられるようにする。（活動の様子，アイデアスケッチ） 【主体的に学習に取り組ませるための授業の工夫】 ・主題の創出や，イメージを広げることが難しかったりする場合，端末のカメラ機能を活用し，自分の主題やイメージに近い形や色をカメラで撮影して，プレゼンテーションソフトで組み合わせてみるなどして，構想を練る糸口を見付けさせる。

豊かに表現する構想を練る。		態表 ｜	主体的に表現の活動に取り組み，造形的な視点を働かせて発想や構想を練ろうとする態度を評価する。【活動の様子，アイデアスケッチ，ワークシート】
第三次（4時間） 制作 ●発想や構想をしたことを基に，意図に応じて表現方法を創意工夫し，見通しをもって表す。 ・形や色彩，材料などが感情にもたらす効果を生かし，意図に応じて表現方法を創意工夫して，制作の順序などを総合的に考えながら，見通しをもって創造的に表す。	技 ↓ 知技	 発	態表 ↓ 主体的に形や色彩などの性質や感情にもたらす効果を生かそうとし，意図に応じて表現方法を創意工夫して，制作の順序などを総合的に考えながら表そうとしているかどうかを見取る。できていない生徒には，発想や構想を確認させたり，他の生徒の作品を紹介するなどして表現の表し方の工夫について考えさせたりするような指導を行う。（活動の様子，制作途中の作品） 【主体的に学習に取り組ませるための授業の工夫】 ・参考作品や途中経過の作品をモニターに映し出し，他者の作品の工夫点や表現の面白さ，美しさが見て感じ取れるようにする。 ・立体の捉え方を具体的に示して意欲を高められるようにする。 態表 主体的に発想や構想に基づいたよりよい表現を目指して，表現方法を創意工夫しようとしたり，見通しをもって表そうとしたりしている態度を評価する。【活動の様子，完成作品，ワークシート】
第四次（1時間） 鑑賞 ●生徒作品を相互鑑賞する。 ・作者の心情や表現意図と工夫などについて考え，見方や感じ方を深める。 ・お互いの完成した作品を鑑賞し，作品から感じたことや考えたことを説明し合い，他者の意見から自分の見方や感じたことについて深めたことをワークシートにまとめる。	知 ↓ 知	鑑 ↓ 鑑	態鑑 主体的に鑑賞の活動に取り組み，友達の作品から表現意図と工夫などについて感じ取ろうとしたり，考えを深めようとしたりしている姿を見取る。できていない生徒に対しては，作者のアピールポイントから部分的に注目させるなど，見る観点を意識させるなどの助言をする。（活動の様子，ワークシート） 【主体的に学習に取り組ませるための授業の工夫】 ・クラウドを活用して，作品の写真と主題や表現の意図が分かるワークシートを入れておき，グループ以外の作品も見られるようにする。 態鑑 主体的に作品を鑑賞し，形や色彩の効果や全体のイメージで捉えることを理解しようとし，造形的なよさや美しさを感じ取ろうとしたり，作者の心情や表現の意図と工夫などについて考えようとしたりしているかなどを評価する。【活動の様子，ワークシート】

※指導と評価の計画における記号の表記は前出の事例と同様である。

4 「主体的に学習に取り組む態度」の指導と評価の流れ

　中学生は心身ともに成長し，徐々に大人に近づく時期です。美術の学習においても第1学年の時に感じられなかったことが，第2学年，第3学年と成長していく中で感じられたり，考えられたりするようになることも少なくありません。本題材の対象の第3学年の表現の活動では，主題の創出において深い内容から考えられるようになったり，構想の段階では，学んできたことを生かして練ることができるようになったりします。また，鑑賞の活動では，対象や事象の見方や感じ方が深まっていきます。この時期の「主体的に学習に取り組む態度」の評価では，このような中学生の発達の特性を考慮し，その時期だからこそ考えられること，見方や感じ方の深まりを大切にしながら，能動的な姿を評価することが求められます。また単に描いたりつくったり，造形的なよさや美しさを感覚的に感じる姿だけではなく，粘り強く表現に取り組む姿や，自己調整を図りながら感じ取ったことなどを基に，作者の心情や表現の意図と工夫，生活や社会の中の美術の働きや美術文化などについて考えようとする姿を積極的に評価します。

① 態鑑 （第一次）

鑑賞した生徒作品例

　第一次の鑑賞の活動では，主体的に作品の鑑賞をしようとしたり，作家や生徒作品の立体や彫刻作品の表現における造形的な視点に着目して，主題と形や色彩などの効果との関係性を捉えようしたりしているかを見取ります。特に授業の前半では，設定した評価規準を基に，活動の様子やワークシートの記述などから，「C」の生徒を中心に見取り，できていない生徒に対して造形の要素の働きや，構成や作風などに着目させるようにしながら主題との関係に気付けるようにします。鑑賞に対する関心や意欲が高まらない生徒に対しては，形や色彩から感じられる感情などについて生徒同士で意見交換をさせたり，作品から興味をもったことを言葉で表現させることで造形の要素の働きに着目させて，主体的にイメージを広げたりできるようにします。また，主題の内容から作品を再度見つめさせ，色や形などが感情にもたらす効果や，造形的な特徴や視点の工夫などを示したり，全体のイメージで捉えたりすることなど，グループワークなど行い，関心や意欲が高まるように指導をします。

> 　雪の中から芽を出すフキノトウを表現した作品で，粘土のひび割れを直すことをせず，すごくうまく生かしていて面白い。雪の上に椿の赤や深緑の葉っぱは静かな冬景色だが，フキノトウの明るい緑色で春が近いということが小さい作品なのに感じる作品になっていた。

生徒のワークシートの記述例

　生徒のワークシートの記述例では，活動の様子とともに見取ると，主体的に造形的な要素の

働きを捉えようとしたり，主題を追求する作者の意図に対する見方や感じ方を深めようとしたりする姿が垣間見え，生徒自身の制作に向けて意欲が高まったことなどが見受けられます。

②態表（第二次）

第二次の発想や構想の段階では，生徒一人一人が粘り強く活動に取り組み，自己調整を図りながらよりよい作品を目指して発想や構想をしようとする意欲や態度を見取ります。また，必要に応じてアイデアスケッチの内容を発表する場面を設定するようにします。本題材では，共通の土台を用いて紙粘土を使って制作しますが，各自が発想や構想した内容をグループワークで発表する場面を通して，共通する部分と主題の違いによる相違の観点から他の生徒の意見を聞き，その後のよ

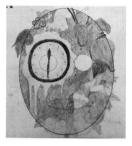

アイデアスケッチ例

りよくしようと試行錯誤する姿を見取るようにします。発想や構想に対して関心や意欲が高まらない生徒に対しては，端末のカメラ機能を活用し，自分の主題やイメージに近い形や色をカメラで撮影して，プレゼンテーションソフトで組み合わせてみるなどして，構想を練る糸口を見付けられるようにすることや，生徒が現時点で考えているアイデアのよさや面白さを講評してやり，表現の方法の可能性を示すことで自分の作品により興味がもてるようにします。

③態表（第三次）

第三次の制作の段階では，発想や構想をしたことを基に，主体的に創意工夫をして表す活動を通して意欲や態度を評価します。制作の場面では実際に材料を手に取り，平面であったアイデアスケッチの構想を基に平面から立体へ変化

をさせながら試行錯誤を繰り返し，構想を具現化する活動を行います。ここでの評価では，特に生徒が粘り強く形や色彩などが感情にもたらす効果を生かそうとし，自己調整を図りながら意図に応じて表現方法を創意工夫して制作の順序などを総合的に考えながら表そうとしているかどうかを見取るようにします。意欲が高まらない生徒に対しては，参考作品や途中経過の作品をモニターに映し出し，他者の作品の工夫点や表現の面白さ，美しさが見て感じ取れるようにしたり，立体の捉え方を具体的に示して意欲を高められるようにしたりします。

④態鑑（第四次）

第四次では，生徒が互いの作品を鑑賞し作品から感じたことや考えたことを説明し合う活動を通して，主体的にお互いの作品の主題と表現の関係や意図と創意工夫などについて考え，見方や感じ方を深めようとしていく意欲や態度を見取ります。評価は，生徒が他者の作品を鑑賞する様子などを基に，鑑賞への関心や意欲等を把握することに重点を置き，本時において主体的に作品を鑑賞し，造形的な視点を活用しながら立体彫刻で表す効果と作品に見られる調和のとれた美しさや面白さなどを感じ取ろうとしたり，作者の心情や表現の意図と創造的な工夫な

どについて考えようとしたりしているかを見取り，第一次の鑑賞の活動と合わせて総括に用いるための記録をしておきます。

> 　平面でアイデアスケッチを考えている時とは違い，実際に立体にすると見え方が変わってきた。思いが変わらなければ変化があっても大丈夫。下描きどおりにつくることも大切だが，下描きばかりにこだわらず，立体としてのとらえ方でよりよく工夫すれば，面白い表現が発見できることに気付いた。

生徒のワークシートの記述例

5　「主体的に学習に取り組む態度」の評価の実際

　本題材の「主体的に学習に取り組む態度」の評価では，つくる活動を通して，美術の創造活動の喜びを味わうことや，感性を豊かにし，主体的に自己の内面を深く見つめ，感じ取ったことや考えたことなどを基に表現したり鑑賞したりする学習活動に取り組む姿を見取り，指導と評価を通して，生徒の学びや指導の工夫改善につなげていくことが大切です。また，活動の様子を重視しながらも，それだけで全ての生徒の粘り強さや自己調整する姿を見取ることは困難なことから，ワークシートの記述やアイデアスケッチ，制作途中及び完成した作品などから多面的に学習に取り組む態度を評価することが大切です。観点別学習状況の評価や評定には示しきれない個人内評価についても，生徒一人一人の進歩の状況や個性，よさなどを積極的に評価することも大切にしていくことが重要です。

> 　言葉と植物との少し意外な組み合わせのテーマでも，形や色彩の効果を生かすことやイメージをもつことで，より自分の気持ちや表現したいことが描き表せることに驚いた。また，今後も様々なものを組み合わせたり，創意工夫したりして表現の幅を広げていけるようにしていきたい。

「十分満足できる」状況（A）の記述例

　この生徒は，目に見えている事象だけでなく，そのものがもつ背景なども意識して主題を自分なりに深く追求し，形や色彩，材料の性質や感情を考えながら様々試し，創意工夫して表現をしていました。活動の様子からも粘り強く構想を練り直したり，主体的に自分の考えを深化させたりなど，自分の形や色で表したりすることへの意欲の高まりが見取れ，ワークシートの記述と併せて総合的に評価しました。

アイデアスケッチと制作途中の作品例

（野田　朋子）

デザイン

商店街活性化プロジェクト！
～店舗を印象付けるロゴマークをつくろう～

1 題材の目標及び評価規準

(1)・形や色彩などの性質及びそれらが感情にもたらす効果や，店舗や造形的な特徴などを基に，全体のイメージで捉えることを理解する（している）。
　・意図に応じて表現方法を創意工夫して，制作の順序などを総合的に考えながら，見通しをもって表す（している）。
(2)・伝える相手や店舗のイメージなどから主題を生み出し，形や色彩が感情にもたらす効果や，分かりやすさと美しさなどとの調和を総合的に考え，表現の構想を練る（っている）。
　・伝達のデザインの調和のとれた洗練された美しさなどを感じ取り，作者の心情や表現の意図と創造的な工夫などについて考えるなどして，美意識を高め，見方や感じ方を深める（ている）。
(3)・美術の創造活動の喜びを味わい，感性を豊かにし，心豊かな生活を創造していく態度を育みながら，主体的に地域の人や訪れる人々に対して情報を分かりやすく伝えることなどを基に表現したり鑑賞したりする学習活動に取り組む（もうとしている）。

※文末の（　）内は，評価規準としての文言。　　の箇所は，個人内評価として扱うものを示す。

2 題材の目標と学習指導要領との関連

第2学年及び第3学年
「A表現」(1)イ　（思考力，判断力，表現力等：発想や構想に関する資質・能力）
　(イ)　伝える目的や条件などを基に，伝える相手や内容，社会との関わりなどから主題を生み出し，伝達の効果と美しさなどとの調和を総合的に考え，表現の構想を練ること。
「A表現」(2)ア　（知識及び技能：技能に関する資質・能力）
　(ア)　材料や用具の特性を生かし，意図に応じて自分の表現方法を追求して創造的に表すこと。
　(イ)　材料や用具，表現方法の特性などから制作の順序などを総合的に考えながら，見通しをもって表すこと。
「B鑑賞」(1)ア　（思考力，判断力，表現力等：鑑賞に関する資質・能力）

（イ） 目的や機能との調和のとれた洗練された美しさなどを感じ取り，作者の心情や表現の意図と創造的な工夫などについて考えるなどして，美意識を高め，見方や感じ方を深めること。

〔共通事項〕(1) （知識及び技能：造形的な視点を豊かにするための知識）

ア 形や色彩，材料，光などの性質や，それらが感情にもたらす効果などを理解すること。

イ 造形的な特徴などを基に，全体のイメージや作風などで捉えることを理解すること。

3 指導と評価の計画（7時間）

●学習のねらい ・学習活動	主な評価の観点及び評価方法，留意点		
	知技	思判表	主体的に学習に取り組む態度
第一次（1時間） 鑑賞 ●ロゴマークを鑑賞し，伝達のデザインに対する見方や感じ方を深めるとともに，形や色彩が感情にもたらす効果や全体のイメージで捉えることを理解する。 ・様々な店舗や企業のロゴマークの鑑賞を行い，伝達のデザインの意図や表現の工夫，共通性などについて造形的な視点から感じたことや考えたことなどの意見を話し合う。	知 ↓	鑑 ↓	態鑑 ↓ 伝達のデザインに興味や関心をもち，形や色彩の性質などを理解しようとしたり，美と調和を感じ取ろうとしたり，意図と工夫などについて考えようとしているかを見取る。できていない生徒には，他者から見た客観的な視点を示す。（活動の様子，発言内容，付箋） 【主体的に学習に取り組ませるための授業の工夫】 ・生徒に馴染みのある店舗や企業のロゴマークを扱うことで，興味や関心をもたせる。また，座席の順に貼られた振り返りの付箋を掲示することで，気付きや困り感を共有させる。
		鑑	態鑑 主体的に伝達のデザインに対する見方や感じ方を深めようとするとともに，形や色彩の効果や全体のイメージで捉えることを理解しようとする態度を暫定的に評価する。【活動の様子，ワークシート】
第二次（3時間） 発想や構想 ●主題を生み出す。 ・商店街にある店舗の取材などを基に，伝える相手や店舗のイメージなどから主題を生み出す。		発 ↓	態表 ↓ 主題を生み出すために，店舗の歴史や店主の願いなど，主体的に取材で得た情報を様々な視点から分析している姿などを見取る。できていない生徒には，前時の鑑賞で学んだことについて振り返りをさせる。（活動の様子，振り返りの付箋） 【主体的に学習に取り組ませるための授業の工夫】 ・商店街で取材活動を行い，商店街の文化やそこで暮らす人々，店主の思いや願いを感じ取らせる。

●構想を練る。 ・創出した主題を基に，鑑賞を通して捉えた，形や色彩が感情にもたらす効果や，分かりやすさと美しさなどとの調和を総合的に考え，表現の構想を練る。また，制作の途中に鑑賞を行い，他者の印象を確認することで，さらに構想を練っていく。		態表 ↓	主題を表現するために，知識を活用しながら繰り返し粘り強く構想を練る姿を見取り，できていない生徒には，再度，創出した主題について確認させる。（活動の様子，振り返りの付箋，アイデアスケッチ） 【主体的に学習に取り組ませるための授業の工夫】 ・廊下に設置されたモニターに，途中段階のデザインを自由に映し出せるようにすることで，多様な受け手の印象を聞くことができる。 
	｜ 発	｜ 態表	主体的に発想や構想の活動に取り組み，伝える相手や店舗のイメージなどから生み出した主題をよりよく表現するために，知識を活用しながら改善を図り，構想しようとする態度を暫定的に評価する。【活動の様子，振り返りの付箋，アイデアスケッチ】
第三次（2時間） 制作 ●発想や構想を基に，意図に応じて表現方法を創意工夫し，見通しをもって表す。 ・形などが感情にもたらす効果を生かし，意図に応じて表現方法を創意工夫して，制作の順序などを総合的に考えながら，見通しをもって表す。	技 ↓	発 ↓	態表 ↓	より美しいデザインを目指して，粘り強く試行錯誤を続けようとしたり，自己調整を図りながら見通しをもって表そうとしたりしている姿を見取り，必要に応じて指導する。（活動の様子，制作途中の作品） 【主体的に学習に取り組ませるための授業の工夫】 ・自分の表し方にあった材料や用具（絵の具やマーカー，タブレット端末等）を選択させる。
	｜ 知技	｜ 発	｜ 態表	自己の学習を調整しながら，見通しをもって主体的に制作に取り組み，知識を活用し技能の改善を図りながら表そうとする態度を評価する。【活動の様子，完成作品，ワークシート】
第四次（1時間） 鑑賞 ●生徒作品を鑑賞し，伝達のデザインについての見方や感じ方を深める。 ・完成した作品を鑑賞し合い，主題と表現の関係や，意図と創造的な工夫などについて考え，見方や感じ方を深める。	知 ↓	鑑 ↓	態鑑 ↓	作品の造形的なよさや美しさを感じ取ろうとしたり，作者の心情や表現の意図と工夫などについて考えようとしたりしているかを見取る。できていない生徒には，使用する人や場所などについて考えながら鑑賞させる。（活動の様子，振り返りの付箋） 【主体的に学習に取り組ませるための授業の工夫】 ・商店街の店舗の方などを招き，生徒が制作し提案するロゴマークを講評してもらう。 
	｜ 知	｜ 鑑	｜ 態鑑	第一次で感じ取ったことなどを基にしながら，自己の学習を調整し，美意識を高め，見方や感じ方を深めようとする態度を評価する。【活動の様子，ワークシート】

※指導と評価の計画における記号の表記は前出の事例と同様である。

4 「主体的に学習に取り組む態度」の指導と評価の流れ

　「主体的に学習に取り組む態度」の実現状況の見取りでは，構想を練る過程において，アイデアスケッチを能動的に何枚も描くなど，その記録から取り組む姿を見取ることのできるものもあれば，主題を生み出し発想を広げる過程において，思考していることを表出できずに教師が気付かなければ授業の中で流れてしまうようなものもあります。こうした生徒の意志的な側面に教師が気付き，指導に生かす評価の資料としたり，生徒のメタ認知を促したりするために，毎回授業の終了前に，自らの学

習の調整が図られ順調に進んでいる場合はピンク，発想が広がらず煮詰まってしまった場合などはグリーンというように，二色の付箋のいずれかに振り返りを書かせたりします。

① 態鑑 （第一次）

　第一次では，優れたロゴマークに共通している構成の要素を造形的な視点から読み解こうとする意欲が見られない生徒を把握することに重点を置きます。関心や意欲が高まらない生徒に対しては，形や色彩が感情にもたらす効果や，造形的な特徴などを基に全体のイメージで捉えたりするよう指導します。

　右の振り返りの付箋の記述からは，ロゴマークの意味や役割，優れたロゴマークは造形的な要素を巧みに操りながら構成されていることや，これまで学習した

> 　私たちがいつも目にしている企業のロゴマークには，「イメージを定着させたい」という企業の思いがあるということに気付いた。色や形をシンプルにし分かりやすくしたり，企業の進化や時代に合わせてロゴマークも新たなものに変えたりと工夫しているところが面白いと思った。また，色や形に込められた意味を考えた時に，2年生の時のピクトグラムの学習と同じことが言えるのではないかと思った。どういう色が効果的で，どのような形が分かりやすいのか。2年生の学習が生かせると思った。

振り返りの付箋紙の記述例

ことを生かして，伝達のデザインを構成する要素についての知識が概念化し，今後の制作に向けての意欲が高まったことなどが分かります。

② 態表 （第二次）

　第二次の前半では，主題を生み出そうとする意欲が見られない生徒を把握することに重点を置きます。主題が生み出せず関心や意欲が高まらない生徒に対しては，取材メモを基に，マインドマップなど思考ツールを使うなどして，自分の考えを表出できるよう指導します。右の，主題を明確にするためにアイ

> 　伝わりやすいように，シンプルに単純化してアイデアスケッチを描きはじめてみたが，「何の店舗だか分からない」「伝えたい要素が何なのか？」といった，意見をもらった。再度，取材メモを見直したり，商店街や店舗の歴史を調べたりして，伝えたい要素を明確にし，お店の人にも気に入られ，多くの人に伝わるデザインを考えたい。

振り返りの付箋紙の記述例

デアスケッチを描きはじめた生徒の振り返りの付箋では，優れたロゴマークを制作するための要素を取り入れることで，主題が伝わりづらくなってしまうのではないかと疑問をもち，その問題を解決したいと意欲が高まっていることが分かります。

第二次の後半から終盤では，生徒がよりよい構想を目指して知識を活用しながら改善を繰り返したり，継続して取り組んだりする意欲が見られない生徒を把握することに重点を置きます。主題をよりよく表すことに意欲が高まらない生徒に対しては，優れたロゴマークに共通している構成の要素を造形的な視点を基に確認することで，作品の改善点に気付かせたり，商店街の取材で感じ取った店主の思いや願いを振り返ったりするよう指導します。右の生徒のアイデアスケッチからは，主題をよりよく表すために繰り返し構想を練った姿が見取れます。また，振り返りの付箋からは，これまでの学習で感じ取ったことと，他者の意見とをすり合わせることで，自らの考えを明確にしていることが分かります。

廊下にあるモニターを見てくれた，他クラスの友達から，メガネを強調したデザインの方が分かりやすいとの意見をもらったが，企業のロゴマークのように，シンプルで意味を知ると「なるほど」と思うような，個性的で印象的なデザインもありだと考えている。

生徒のアイデアスケッチと振り返りの付箋例

③ 態表 （第三次）

ここでは，意図に応じて表現方法を創意工夫して，制作の順序などを総合的に考えながら，見通しをもって表そうとする態度を高めることが重要です。技能が発揮できないでいる生徒に対しては，形や線の描き方による印象の違いなどに気付かせながら，意図に応じた形や線が描けるよう表現方法に合った用具を選択させるなどして，見通しをもって表すことができるよう指導します。右の振り返りの付箋からは，試行錯誤の末に自分の意図に合った表し方のできる用具を選択して，見通しをもって取り組もうとしている生徒の姿を見取ることができます。

ほとんどの子がタブレットで制作していたので私も使ってみたが，自分のイメージしている線が上手く描けなかった。次回は，絵の具と筆を使って自分のイメージしている線を描きたい。

作品例：メガネ販売店のロゴマーク

④ 態鑑 （第四次）

ここでは，他者が提案する作品を批評する姿などから，鑑賞への関心や意欲等を把握することに重点を置きます。何を視点に発言してよいか分からないでいる生徒に対しては，造形的な視点や主題から作品を見つめさせることで，伝達の効果と美しさなどとの調和や作者の表現の意図について考えさせるなどの指導をします。

シンプルにまとめられたデザインで，外枠を楕円形にしたことで，町の電気屋さんのアットホームなイメージが伝わってきた。「Shall」の「S」が，家の形と電球，コンセントになっており，家電を扱う店のイメージが伝わる。また，「シャルナカムラ」の文字を，カタカナではなくローマ字にしたことで，規則的な雰囲気がしたので，電化製品を扱う店舗には合っていると思った。色では，店舗で多く扱っているメーカーをイメージさせる青色の地に文字を白くしたことで，パッと見て分かりやすいロゴマークとなっている。

鑑賞作品とワークシートの記述例

　上記は，授業内で見取ることができなかった生徒のワークシートの記述です。その内容から意欲的に鑑賞の活動に取り組んでいた様子を確認することができます。

5 「主体的に学習に取り組む態度」の評価の実際

　本題材における「主体的に学習に取り組む態度」の評価については，事前に作成した「本題材における総括モデル例」に基づいて行いました。この総括モデル例の作成に当たっては，題材づくりをする際に生徒の姿をイメージしながら，A及びBの判断の基準のカットラインや授業が進む過程における生徒の意欲的な側面の変化をどのように補正するのかを考えておくことが重要です。

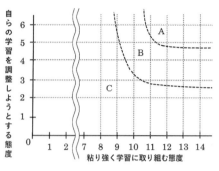

本題材における総括モデル例

　横軸の「粘り強く学習に取り組む態度」については，よりよい表現を目指して試行錯誤する姿や，知識や技能を身に付けようと継続的に意欲を発揮している姿などを評価することが大切であることから，右の図のように毎時間の評価を数値化し，

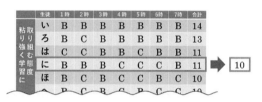

粘り強く学習に取り組む態度の総括例

その合計を用いました。この側面では，「努力を要する」状況（C）の生徒の把握に重点を置くことや，「十分満足できる」状況（A）を見取ることが困難であることから，「おおむね満足できる」状況（B）と「努力を要する」状況（C）の2段階で評価します。また，生徒「に」のように，合計は11点であるが，題材の後半に，意欲や態度が低下している場合には，10点に補正することなどを事前に決めておきます。

　縦軸の「自らの学習を調整しようとする態度」については，右の図のように，第二次・第三次の表現の活動の中で，主題を具現化するために，創造的な技能を働かせようと様々な方向性を探りながら学習を調整しようとする姿と，第一次・第四次の鑑賞の活動の中で，見方や感じ方を深め自分にとっての意味や価値をつくりだそうとする姿に

| | 生徒 | 表現 | | 鑑賞 | | 合計 |
		第二次	第三次	第一次	第四次	
自らの学習を調整しようとする態	い	a	A	a	A	6
	ろ	b	A	b	B	5
	は	b	B	b	A	5
	に	c	B	b	B	4

自らの学習を調整しようとする態度の総括例

分けてA～Cの3段階で評価したものを数値化し，その合計を用いました。その際，第一次と第二次の評価は，自らの学習を調整し始めた段階であることから暫定的なものとして扱い，第三次と第四次にこれまでの過程を総括して評価しました。

（飯田　哲昭）

工芸

自分を伝えるパスケース
～自己紹介できる6㎝×10㎝のレザークラフト～

1 題材の目標及び評価規準

(1)・主題や機能性の特徴などを基に，全体のイメージや作風などで捉えることを理解する（している）。

　・革と用具の特性を生かし，意図に応じて自分の表現方法を追求して創造的に表す（している）。

　・革と用具，作業方法の特性などから工程を総合的に考えながら，見通しをもって表す（している）。

(2)・使う目的や条件などを基に，使用する場面や状況，機知やユーモア等から主題を生み出し使いやすさや機能と美しさなどとの調和を総合的に考え，表現の構想を練る（っている）。

　・目的や機能との調和の取れた美しさなどを感じ取り，作者の心情や表現の意図と創造的な工夫などについて考えるなどして，美意識を高め，見方や感じ方を深める（ている）。

(3)・美術の創造活動の喜びを味わい，感性を豊かにし，主体的に目的や機能などを考え，素材の特性を生かし工程を工夫した表現の学習活動に取り組む（もうとしている）。

　・美術の創造活動の喜びを味わい，感性を豊かにし，主体的に作品の造形的なよさや美しさを感じ取り，作者の表現の意図や創造的な工夫などを考えるなどの見方や感じ方を深める鑑賞の学習活動に取り組む（もうとしている）。

※文末の（　）内は，評価規準としての文言。＿＿の箇所は，個人内評価として扱うものを示す。

2 題材の目標と学習指導要領との関連

第2学年及び第3学年

「A表現」(1)イ　（思考力，判断力，表現力等：発想や構想に関する資質・能力）

　(ウ) 使う目的や条件などを基に，使用する者の立場，社会との関わり，機知やユーモアなどから主題を生み出し，使いやすさや機能と美しさなどとの調和を総合的に考え，表現の構想を練ること。

「A表現」(2)ア　（知識及び技能：技能に関する資質・能力）

(ア) 材料や用具の特性を生かし，意図に応じて自分の表現方法を追求して創造的に表すこと。

(イ) 材料や用具，表現方法の特性などから制作の順序などを総合的に考えながら，見通しをもって表すこと。

「B鑑賞」(1)ア　（思考力，判断力，表現力等：鑑賞に関する資質・能力）

(イ) 目的や機能との調和のとれた洗練された美しさなどを感じ取り，作者の心情や表現の意図と創造的な工夫などについて考えるなどして，美意識を高め，見方や感じ方を深めること。

〔共通事項〕(1)　（知識及び技能：造形的な視点を豊かにするための知識）

ア　形や色彩，材料，光などの性質や，それらが感情にもたらす効果などを理解すること。

イ　造形的な特徴などを基に，全体のイメージや作風などで捉えることを理解すること。

3 指導と評価の計画（10時間）

●学習のねらい ・学習活動	主な評価の観点及び評価方法，留意点		
	知技	思判表	主体的に学習に取り組む態度
第一次（2時間） 発想や構想 ●身近にある革製品を鑑賞し，素材の特性と大まかな工程について知る。 ・皮革を人類がどのように扱ってきたのか，現在どのような製品があるのか，その用途，魅力等について話し合う。	知 ↓	鑑 ↓	態鑑 ↓　◀

主体的に製品の鑑賞をしようとしたり，素材の特性を理解しようとしたりするなどの機能的な製品についての関心や意欲の高まりを見取る。できていない生徒には，革のもとが生命であったことにも目を向けさせて，素材を無駄なく生かす工夫という見方も伝える。（活動の様子，発言内容）

【主体的に学習に取り組ませるための授業の工夫】
・半裁状態の革を見せ，生きた牛に由来する素材であるという実感をもたせる。まずは革に触れさせて素材感を確かめるなど，視覚だけでなく身体感覚を働かせてその魅力に気付かせることができるようにする。

| ●テーマ「自分を伝えるパスケース」を示し，主題に基づいて機能性と美しさを考えたデザインを構想する。
・ワークシートに基づいて「自分」を伝える要素を整理してどう表現するか構想する。 | | | 発
↓ | 態表
↓　◀ |

主題を表現するために次の①②③の作業に主体的に取り組んでいるかを見取る。
①ワークシートに基づいて自己分析をし，自分を伝える要素を箇条書きにする。
②パスケースとして使用する場面を想定し，機能性について検討する。
③革の特性と工程を踏まえて①②をどのように作品に落とし込むかデザインの構想を立てる。
行き詰まっている生徒には好きなことやものなどから形や色のイメージにつなげるようアドバイスをする。（活動の様子，ワークシートの記述）

【主体的に学習に取り組ませるための授業の工夫】
・ワークシートは「自分」→「好きな～」から自由に発想させるマッ

ピングで色や形につなげやすくし，見通しをもてるようにする。また，使用する場面を想像させることで機能性にも目を向けさせる。

| 第二次（6時間）
制作
●工程を理解し，素材の特徴と用具や技法について知り，主題に基づいた制作の見通しを立てる。
・デザインに応じた制作手順を考える。

●裁断をする。
・型紙をもとにデザインをアレンジしてそれぞれのパーツを裁断する。

●染色，打刻をする。
・クラフト染料で染色，絵付けする。重ね塗りやドリッピング，マスキング等様々な技法を活用する。
・鏨や刻印棒，芋槌等で打跡をつける。

●縫製，装飾をする。
・菱目打ちで縫い穴をあけて縫製をする。
・バーニングペンで文字や模様を描いたり金具をつけたりする。

●仕上げの処理をする。
・コバの処理をし，オイルをつけて磨く。 | 技
↓ | 発
↓ | 態表
↓ | ◀ 革と用具，作業方法の特性などから自己調整などもしながら制作の順序など工程を総合的に考え，見通しをもって意欲的に粘り強く制作しているかを見取る。できていない生徒には，それぞれの構想に応じた作業の手順を具体的に想像させることで考えやすくしたり，表現の試行錯誤を推奨し，素材の色や手触りから発想を広げたり，構想を立てつつも偶然の面白さを積極的に取り入れることを楽しむことができるようにする。（活動の様子，制作途中の作品） |

【主体的に学習に取り組ませるための授業の工夫】
・班での活動を基本とし，用具の管理，準備，片付けを協力して行わせる。生徒同士で教え合い，学び合うことを大事にする。生徒が染色，打刻等の技法を実験しながら自分の主題を追求できるようにお試し用の材料や見本などを置いておく。また，進捗具合の異なる生徒がそれぞれ確認できるよう，技法についての解説動画を作成し，制作時間中にいつでも確認できるようにしておく。

| | 知技 | 発 | 態表 | ◀ 造形の要素の働きや，イメージで捉えることを理解しようとし，主体的に表したいことを見付け，革と用具の特性を生かし，主題に応じて自分の表現を追求して制作しようとしたり，主体的に様々な技法を試し，自らの作品表現にどう取り入れるかを検討したり，試行錯誤を積み重ねようとする態度を評価する。【活動の様子，完成作品】 |

| 第三次（2時間）
相互鑑賞会
●他者の作品から，作者の表現の意図と創造的な工夫などについて考え，見方や感じ方を深める。 | 知
↓ | 鑑
↓ | 態鑑
↓ | ◀ 主体的に制作を振り返り，自ら工夫したところなどを積極的に伝えようとしているかや，造形的なよさや美しさを感じ取り，表現の意図と工夫などについて考えようとしているかを見取る。できていない生徒に対しては，再度主題を振り返らせて，取組について意味付けや価値付けをさせる。（活動の様子） |

・ワークシートに自分の作品についての説明を記述し，それを用いてお互いの作品を鑑賞し，批評し合う。

【主体的に学習に取り組ませるための工夫】
・主体的に発表に取り組めるよう実物投影機で作品をモニターに拡大表示し，相互鑑賞を行う。発表者には「自分を伝えるデザイン」について具体的なデザインのアイデアを３つ伝えるよう指示する。鑑賞者には作者が作品に込めた思いや表現の工夫についてワークシートに記入させ，見方や感じ方を深めさせる。

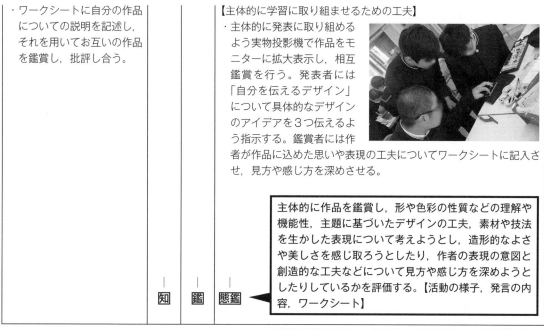

		主体的に作品を鑑賞し，形や色彩の性質などの理解や機能性，主題に基づいたデザインの工夫，素材や技法を生かした表現について考えようとし，造形的なよさや美しさを感じ取ろうとしたり，作者の表現の意図と創造的な工夫などについて見方や感じ方を深めようとしたりしているかを評価する。【活動の様子，発言の内容，ワークシート】
知	鑑	態鑑

※指導と評価の計画における記号の表記は前出の事例と同様である。

4 「主体的に学習に取り組む態度」の指導と評価の流れ

　本事例は革を材料としたパスケースの制作を通して，用途や機能があるものを，使う目的や条件などを基に，使用する者の立場や社会との関わり，機知やユーモアなどから考えるなどして，表現や鑑賞に関する資質・能力を育成する題材です。

　「主体的に学習に取り組む態度」の評価では，表現においては，遊び心などを大切にしながら，生徒自らが強く表したいことを心の中に思い描き，使う目的や条件などに基づきながら，機能と美しさとの調和を総合的に考え，表現の構想を練ろうとし，様々な技法の中から主体的に自らの主題に合った表現を見付け出して，粘り強く取り組みながら仕上げていく様子を捉えるようにします。また，鑑賞においては，主体的に作品を鑑賞し，形や色彩の性質などの理解や機能性，主題に基づいたデザインの工夫，素材や技法を生かした表現について考えようとし，造形的なよさや美しさを感じ取ろうとしたり，作者の表現の意図と創造的な工夫などについて見方や感じ方を深めようとしたりしている意欲や態度を中心に評価します。

① 態鑑 （第一次：前半）

　第一次の前半の活動では，身近にある革製品を鑑賞し，素材の特性と大まかな工程について理解させます。ここでは，生徒一人一人が素材への関心を高めるように指導の工夫を行い，生徒が主体的に工程の見通しを立てることによって制作に取り組もうとしている姿を見取り，評価するようにします。

②態表（第一次：後半）

　第一次の後半ではワークシートに基づいて「自分」を伝える要素を目的の一つとしながら表現の構想をしますが，ここでは，特に生徒が造形的な視点を意識しながら，目的や条件に基づいた主題について，使いやすさや機能と造形的な美しさなどとの調和を総合的に考えて，よりよく表すために心豊かに構想しようとしている意欲や態度を積極的に見取るように心がけます。また，第一次を通して，よりよい発想や構想を目指して改善を繰り返したり，継続して意欲的に取り組んだりする姿などを総括に用いる評価として記録しておきます。

③態表（第二次）

　第二次の制作の場面では，革と用具，作業方法の特性などから制作の順序など工程を総合的に考えながら，見通しをもって意欲的に粘り強く制作しているかを見取り指導に生かします。また自己調整しながら様々な表現方法を試してみたり，創意工夫したりして自分に必要な技法などを検討する姿などを机間指導の中できめ細かく観察するように心がけます。

④態鑑（第三次）

　第三次の鑑賞の場面では，生徒一人一人が自身の制作を振り返り，主題を形や色彩で実現するための技法や工程において探求したことや，デザイン的に自ら工夫したところなどを積極的に伝えようとしている姿を見取ります。また，主体的に他者の作品について造形的なよさや美しさを感じ取ろうとしたり，作者の表現意図と工夫などについて考えようとしたりする意欲や態度を見取るようにして評価します。

5 「主体的に学習に取り組む態度」の評価の実際

　表現の活動においては，革という素材に関心をもち，自ら知ろうとする姿勢や，使いやすさや機能と美しさの関係についての発言やワークシートの記述から見取り指導に生かします。その後，主題を基に素材の特性から用と美の調和を意識して具現化に向き合う主体的な姿を評価します。制作が始まる段階では，様々な表現技法の中から試行錯誤して自らの作品表現に生かそうとする姿を見取り，できるだけ多くの技法を試しながら選択することができるよう，用具や素材に手で触れて試すことができる場を準備するようにします。

　また，制作活動が先行する生徒が後進の生徒にアドバイスをする場面や，互いに教え合いアイデアを膨らませる姿なども個人内評価を活用して支援していくようにします。鑑賞の活動では，主体的に他者の作品について造形的なよさや美しさを感じ取ろうとしたり，作者の表現意図と工夫などについて考えようとしたりする意欲や態度を見取り，第三次の終了後，題材を通

して，活動の様子やワークシートの記述，完成作品などから，意欲の高まりや継続性などを考慮しながら総括します。

バスケットのコーチに言われた「心は熱く！頭は冷静に！」という言葉をイメージしました。青で冷静さを表し，赤で情熱を表しました。私はこれからもずっと明るくいたいという思いを込めて中面を黄色にしました。裏の赤は私の好きな「えんじ」にしました。

「十分満足できる」状況（A）の記述例

　この生徒は，3年間バスケットボール部に所属し，中心となって取り組んできた中で座右の銘とした言葉と理想とする自分の在り方を色彩で表現しています。活動では，重ね塗りやグラデーションで変化をつけ，出来合いのものでなく自分の好きな色に近づけるように粘り強く取り組んでいました。また，革の表面に芋槌でうち跡をつけて手触りのよい石目模様をつけたり，ポンチで穴をあけたり，素材と技法を生かし，技能を働かせて様々な表現に積極的に挑戦する意欲が見取れました。記述からも「自分を伝える」という主題をよりよく表現する意欲が読み取れ，活動の様子やワークシートの記述などから総合的に実現状況を判断しました。

裏に書いてある「底力」と点々模様で一生懸命練習している自分を表現し，表のぼこぼこでその体を表現しました。背景のオレンジと紺色は逆境を乗り越えることをイメージしました。

「おおむね満足できる」状況（B）の記述例

　この生徒は，表現の活動では，裏面にはドリッピングで模様をつけたり，表面のドリッピングは丁度よい距離や角度を他の生徒と話し合ったりしながら試行錯誤して模索し，様々な色を使用して美しい模様をつくりあげていました。鑑賞の活動やワークシートにおいても主体的に学習に取り組む姿が読み取れました。

夕焼けが好きなので，裏面ではそれを表現できるようにした。また自分の名前に「花」という字があるので表面には花をつけた。

「おおむね満足できる」状況（B）の記述例

　この生徒は，自分の好きな夕焼けをイメージして着彩しています。ワークシートの記述だけでは，主体的に学習に取り組む姿を見取ることは困難ですが，活動の様子やアイデアスケッチなどと併せて見取ることで，主題を基に自分の好きな情景や名前の文字から連想する形を技法を工夫して表現しようとする姿を見取ることができました。「主体的に学習に取り組む態度」の評価は，このように多面的に生徒の姿を見取ることが求められます。　　　　（内田　善人）

地元作家のモニュメントの鑑賞

1 題材の目標及び評価規準

(1)・形や色彩，材料，光などの性質や，それらが感情にもたらす効果，造形的な特徴などを基
　に，全体のイメージや作風などで捉えることを理解する（している）。

(2)・石の素材のもつ造形的なよさや美しさを感じ取り，作者の心情や表現の意図と創造的な工
　夫などについて考えるなどして，美意識を高め，見方や感じ方を深める（ている）。

(3)・美術の創造活動の喜びを味わい，感性を働かせ，心豊かな生活を創造していく態度を育み
　ながら，主体的に造形的なよさや美しさを感じ取り，作者の心情や表現の意図と創造的な
　工夫などを考えるなどの見方や感じ方を深める鑑賞の学習活動に取り組む（もうとしてい
　る）。

　　　　　　　　　※文末の（　）内は，評価規準としての文言。　　　の箇所は，個人内評価として扱うものを示す。

2 題材の目標と学習指導要領との関連

第2学年及び第3学年

「B鑑賞」(1)ア（思考力，判断力，表現力等：鑑賞に関する資質・能力）

　(ア)　造形的なよさや美しさを感じ取り，作者の心情や表現の意図と創造的な工夫などについ
　　て考えるなどして，美意識を高め，見方や感じ方を深めること。

〔共通事項〕(1)　（知識及び技能：造形的な視点を豊かにするための知識）

　ア　形や色彩，材料，光などの性質や，それらが感情にもたらす効果などを理解すること。

　イ　造形的な特徴などを基に，全体のイメージや作風などで捉えることを理解すること。

3 指導と評価の計画 (3時間)

●学習のねらい ・学習活動	主な評価の観点及び評価方法，留意点		
	知技	思判表	主体的に学習に取り組む態度
第一次 (1時間) 導入：映像資料の鑑賞 ●地元彫刻家の映像資料や写真資料を鑑賞する。 ・校内にある地元彫刻家の作品を探す活動を通して，作家に対する興味や関心を高める。 ・地元彫刻家に関する，映像資料や写真資料を鑑賞する。 ・作者の心情や表現の意図と創造的な工夫などについて考えるなどして，美意識を高め，見方や感じ方を深める。 ・作家の一連の作品を鑑賞するとともに，制作に対する姿勢に触れ，その第一印象についてまとめる。	知 ↓	鑑 ↓	態鑑 ↓　◀　作家やその作品に関心をもち，素材や形，色彩などの性質や感情の働きを理解しながら鑑賞しようとしているかを見取る。できていない生徒には，造形の要素の働きが分かりやすい作品を示し，主体的に鑑賞の活動に取り組めるようにする。(活動の様子，感想の発言内容) 【主体的に学習に取り組ませるための授業の工夫】 ・作家を特集したインタビュー映像を準備して，作品に対する思いを直接聞き，作家や作品への興味や関心を高める。 【主体的に学習に取り組ませるための授業の工夫】 ・ワークシートへ書く内容に戸惑っている生徒には，板書にポイントとなるキーワードを書き留めておき，それを視点に記述するよう助言する。
	知	鑑	態鑑　◀　主体的に作品を鑑賞しようとしたり，映像資料を見たりしながら，作家の生き方や作品に対する思いなどについて自分としての意味や価値を考えようとしたり，作品の見方や感じ方を深めようとしているかを見取る。 【活動の様子，ワークシートの記述】
第二次 (1時間) 作品鑑賞・レポート作成 ●校内にあるモニュメントの石彫刻作品を鑑賞する。 (校内にモニュメントや彫刻作品が無い場合は，触れられるような彫刻作品やできる限り高精細な作品写真などで授業を行う) ・モニュメントの石彫刻を様々な角度や視点から鑑賞	知 ↓	鑑 ↓	態鑑 ↓　◀　モニュメントの石彫刻作品に関心をもち，素材や形，色彩，周囲の景観との関係などについて考えようとしたり，主体的に作者の意図などを想像しながら意欲的に鑑賞しようとしたりしているかを見取る。できていない生徒に対しては，モニュメントに使われている素材に実際に触れさせるなどして素材と環境との関連を考えられるようにする。(活動の様子，発言内容) 【主体的に学習に取り組ませるための授業の工夫】 ・作品を鑑賞する際，視覚だけではなく，触覚も働かせ，身体で感じ

し，自分が最も惹かれた部分をタブレット端末で写真を撮る。 ・造形的なよさや美しさを感じ取り，作者の心情や表現の意図と創造的な工夫などについて考えるなどして，美意識を高め，見方や感じ方を深める。 ・タブレット端末にあらかじめ配布したフォーマットに写真を配置して，そのアングルを選んだ意図について記述し，鑑賞レポートを作成する。	知	鑑	態鑑

取るよう助言する（鑑賞作品が写真の場合は，材質に着目させる）。また，一方向からだけではなく，いろいろな方向から鑑賞したり，近づいたり遠ざかったりまたは，様々な視点の高さから見たりするなど，変化をつけて鑑賞するよう助言して，自分の気に入ったアングルを追求できるようにする。

岩城信嘉さんの作品「大空への導き」 自分が気に入ったアングル

3年　組
真ん中の隙間が大空への導きを表しているように感じました。下のからのアングルで撮ることで大きく迫力があるように見えました。また，下から撮ると真ん中の隙間が大空へとつながっている一本の道のように見えました。

【生徒の鑑賞レポート例】

活動の様子や鑑賞レポートから主体的に造形的なよさや美しさを感じ取ろうとしたり，作者の心情や表現の意図と創造的な工夫などについて考えようとしたりしているかを見取る。【活動の様子，ワークシートの記述】

第三次（1時間） 鑑賞レポート発表会 ●他者の見方や感じ方から自分の見方や感じ方を深める。 ・石材の表面処理の工夫，配置，形状など，視点を絞りながら各自の発表レポートを紹介し，互いの考えを交流する。 ・作者の心情や表現の意図と創造的な工夫などについて考えるなどして，美意識を高め，見方や感じ方を深める。 ・友達の発表を聞いて感じたことや，授業全体を通して感じた彫刻家の生き方について等を鑑賞レポートにまとめる。	知 ↓	鑑 ↓	態鑑 ↓

主体的に他の生徒の発表から，自分自身の見方や感じ方を深めようとしているかを見取る。できていない生徒に対しては，作者の心情や素材，制作方法と環境との関連など鑑賞の視点を絞って鑑賞できるようにする。（活動の様子，発言内容）

【主体的に学習に取り組ませるための授業の工夫】
・生徒が主体的に相互鑑賞できるように，前時までにまとめた各自のレポートの内容を事前に把握して，トピックごとに分類しておく。本時では，石材の表面処理の工夫，配置，形状，周囲の景観との関係など，同じトピック（視点）ごとに生徒のレポートを発表させることで，それぞれ異なる見方や感じ方があることに気付かせ，より深い話し合いとなるよう意図的にファシリテートしていく。

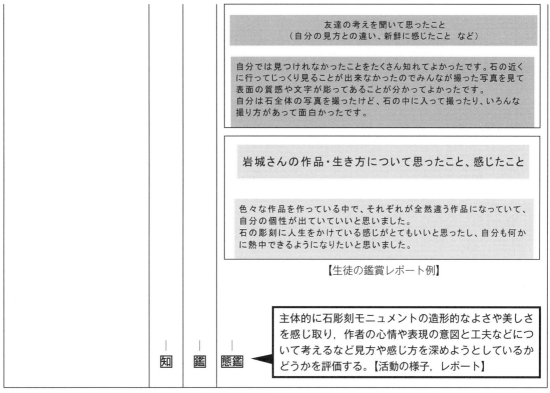

【生徒の鑑賞レポート例】

> 主体的に石彫刻モニュメントの造形的なよさや美しさを感じ取り，作者の心情や表現の意図と工夫などについて考えるなど見方や感じ方を深めようとしているかどうかを評価する。【活動の様子，レポート】

※指導と評価の計画における記号の表記は前出の事例と同様である。

4 「主体的に学習に取り組む態度」の指導と評価の流れ

　本事例に該当する第2学年及び第3学年では「評価の観点及びその趣旨」において，「美術の創造活動の喜びを味わい主体的に表現及び鑑賞の学習活動に取り組もうとしている」としており，鑑賞では，作品のよさや美しさなど，新しい視点を探しながら見方や感じ方を深めようと粘り強く取り組む態度などに着目して評価することが大切です。

　「知識」（〔共通事項〕）との関連については，石彫刻モニュメントを扱っているため，特に石という素材のもつ魅力や，その形や色彩，そしてそれらが感情にもたらす効果などを主体的に理解しようとしているかについて見取ることが必要です。また，一つの作品だけではなく，作家の一連の作品の流れを鑑賞する過程を設定し，造形的な特徴などを基に，全体のイメージや作風などで捉えることを理解しようとしているかについて見取ることも必要です。

　「思考力，判断力，表現力等」（鑑賞に関する資質・能力）との関連については，石彫刻モニュメントのもつ造形的なよさや美しさを感じ取ろうとしたり，作者の心情や表現の意図と創造的な工夫などについて考えるなどして，美意識を高め，見方や感じ方を深めようとしたりしているかについて活動の様子やワークシート，鑑賞レポートなど多様な方法を活用して見取るこ

とが大切です。

　また，授業中に全ての生徒を評価することは困難であることから，授業中は，ワークシートの記述や発言の内容などから鑑賞が深まっていない視点などについて，個々の生徒や学級全体に助言することに重点を置くことになります。

①態鑑 （第一次）

　第一次では，インタビュー映像を視聴し，作品に対する思いを直接聞くことで，作家についての興味・関心を引き出すようにしました。さらに，校内に設置されている作品がある場合は，それについて改めて意識させることで，これからさらに深く作家や作品について鑑賞していきたいという思いを高めるようにします。ワークシートでは作家の作品への考え方や，実際に作品を見ての率直な感想から，活動の様子と併せて主体的に理解しようとする意欲や態度について見取ります。

　ここで，興味がもてない生徒に対して，インタビューから作家が大切にしているキーワードを示したり，作品に共通する要素などに着目させたりしながら，具体的な思いがもてるよう手立てを講じるようにすることが大切です。

②態鑑 （第二次）

　第二次では，鑑賞のメインとなる作品とじっくり向き合い，自分が最も魅力的だと感じる角度（アングル）からその部分を写真に撮り，なぜその部分に惹かれたのかその理由について鑑賞レポートを作成します。その際，生徒の興味や関心が高まるように，石材の表面処理の工夫，配置，形状，周囲の風景との関係など様々な視点を示しておき，鑑賞の糸口を広げておくことが大切です。写真を撮る中で，友達との交流も自然に生まれ，そこから各自の見方や考え方を深めようとしていくことも期待されます。

　個性的なアングルで撮影している生徒がいれば，タイミングよく全体に紹介し，戸惑っている生徒にも個人内評価も活用しながら考えるきっかけをつくるようにします。ここでは総括に用いる評価をせずに，第三次の評価と併せて総括を行うようにしています。

③態鑑 （第三次）

　第三次では，前時に作成した各自の鑑賞レポートを基に，発表会を行います。そこで行われた意見交流から，感想をレポートにまとめます。ここでは，他の考えを聞くことで，自分だけでは気付かなかった作品に対する新たな視点を受け入れようとする態度について評価します。また，友達の発表に対して，自分との見方の違いから，積極的に発言しようとする態度についても見取ります。

　ここでは，主体的にモニュメントの造形的なよさや美しさを感じ取り，作者の心情や表現の

意図と工夫などについて考えるなど見方や感じ方を深めようとしているかどうかを，鑑賞レポートや発表会の様子などから第二次の評価と併せて総括に用いる評価を行います。

5 「主体的に学習に取り組む態度」の評価の実際

本題材の鑑賞に関する資質・能力の評価規準は，「石の素材のもつ造形的なよさや美しさを感じ取り，作者の心情や表現の意図と創造的な工夫などについて考えるなどして，美意識を高め，見方や感じ方を深めている」です。「主体的に学習に取り組む態度の評価」では，活動の様子やワークシート，レポートなどから多面的に見取り，こうした鑑賞に対する意欲の高まりや継続性などを評価することを大切にします。また，記述からは単に文章の上手下手や文の量で判断するのではなく，評価規準に照らし合わせて見取ることが大切です。

> この角度から写真を撮った理由は，後ろにある校舎の垂直な線と，斜めに立つ彫刻の傾いた線の対比が美しかったからです。単純な水平垂直で構成される建物に，この彫刻が加わることで，変化に富んだ面白さを感じることができたからです。

「十分満足できる」状況（A）の記述例

この記述からは，あえて傾いて立ててある彫刻や，周囲の環境を意識した作者の意図を十分に汲み取ろうとしていることが伺えます。また，活動の観察からも，常に粘り強く作品に向き合ったり，自分で作品について調べたりする様子が見られ，活動の様子やワークシート，レポートなどから総合的に判断し，実現状況を「A」としました。

> この部分では，石をつるつるに磨いているところとごつごつのままのところが両方見えるからです。作者はなぜ全部つるつるに磨かなかったのだろうと思いました。

「おおむね満足できる」状況（B）の記述例

記述と活動の様子から，この生徒は，石彫刻の表面処理の違いに気付こうとしていることが見取れました。おおむね満足できる状況ではありましたが，今後は，作者の思いに考えを巡らせるよう助言し，さらに粘り強さや自己調整によって考えを深めることができるようにしたいと思います。

（藪　陽介）

心の中の風景

1 題材の目標及び評価規準

(1)・描かれているモチーフなどの形や色彩等の性質や，画面の構図や配色などから，作品全体のイメージで捉えることについて理解する（している）。

(2)・夢や想像，感情などから生まれる心の風景などの不思議さや面白さなどから造形的なよさや美しさを感じ取り，作者の心情や表現の意図と創造的な工夫などについて考えるなどして，美意識を高め，見方や感じ方を深める（ている）。

(3)・美術の創造活動の喜びを味わい，感性を働かせて，美術を愛好する心情を深め，心豊かな生活を創造していく態度を育みながら，主体的に造形的なよさや美しさを感じ取り，作者の心情や表現の意図と創造的な工夫などを考えるなどの見方や感じ方を深める鑑賞の学習活動に取り組む（もうとしている）。

※文末の（ ）内は，評価規準としての文言。＿＿の箇所は，個人内評価として扱うものを示す。

2 題材の目標と学習指導要領との関連

第2学年及び第3学年

「B鑑賞」(1)ア （思考力，判断力，表現力等：鑑賞に関する資質・能力）

(ｱ) 造形的なよさや美しさを感じ取り，作者の心情や表現の意図と創造的な工夫などについて考えるなどして，美意識を高め，見方や感じ方を深めること。

〔共通事項〕(1) （知識及び技能：造形的な視点を豊かにするための知識）

ア 形や色彩，材料，光などの性質や，それらが感情にもたらす効果などを理解すること。

イ 造形的な特徴などを基に，全体のイメージや作風などで捉えることを理解すること。

3　指導と評価の計画（1時間）

●学習のねらい　・学習活動	主な評価の観点及び評価方法，留意点		
	知技	思判表	主体的に学習に取り組む態度
導入：鑑賞① ●自分のこれまでの表現の学習を振り返る。 ・自分自身がこれまで授業で描いた作品について，主題に応じて表現方法を工夫することのよさなどについて振り返る。	知 ↓	鑑 ↓	態鑑 ◀ 主題をよりよく表すために，何を描いたかだけでなく，画面の構図や配色などから，表現方法を創意工夫して表現したことを意欲的に振り返ろうとしているかを見取る。できていない生徒に対しては，具体的に作品の主題と表現方法とのつながりを捉えさせるなどの助言をする。（活動の様子，発言の内容） 【主体的に学習に取り組ませるための授業の工夫】 ・生徒が学習を振り返る際に，試行錯誤の過程などを捉えられるよう，表現方法を検討するためのアイデアスケッチや学習の振り返りの記述などを蓄積するポートフォリオを作成させる。
展開：鑑賞② ●美術作品を鑑賞する。 ・「主題と表現方法とのつながり」の視点から鑑賞することを確認する。 ●個人で美術作品を鑑賞し，ワークシートに記入する。 ・美術作品に用いられている表現方法を見付け，それらの感じなどから作者が作品に表現した思いや考えなどを見いだす。			態鑑 ↓ ◀ 生徒が作品の主題と表現方法の関連から，自分なりに作者が作品に表現した思いなどを考えたり，見いだそうとしたりしているかを見取り，できていない生徒には，自分自身が表現した過程を再度振り返らせて主題と表現方法のつながりについて考えられるようにする。（活動の様子，ワークシートの記述）
●班で美術作品について意見交換する。 ・他の生徒に自分の意見を紹介する。 ・他の生徒の意見に対する自分の考えをデジタルホワイトボードの付箋に記入したり質問したりして話し合うなど意見交換をする。			態鑑 ↓ ◀ 生徒が〔共通事項〕との関連を踏まえた根拠を示しつつ積極的に自分の考えを他の生徒に紹介したり，他の生徒の意見を尊重しつつも自分の考えと照らして質問したりするなど，意見交換に取り組む意欲を見取る。できていない生徒に対しては，感じ取ったことを表す言葉の整理や再考を促したり，根拠を尋ねたり鑑賞する視点に沿った紹介や意見交換となっているか振り返らせたりするなどの指導を行う。（活動の様子，発言内容，デジタルホワイトボードの記述） 【主体的に学習に取り組ませるための授業の工夫】 ・生徒がデジタルホワイトボードへワークシートを添付するなどして考えを共有することで，他の生徒の美術作品への意見などを必要に

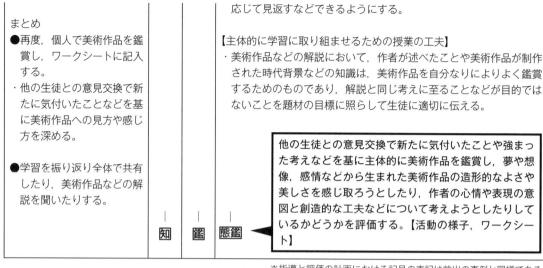

まとめ
- ●再度，個人で美術作品を鑑賞し，ワークシートに記入する。
- ・他の生徒との意見交換で新たに気付いたことなどを基に美術作品への見方や感じ方を深める。

- ●学習を振り返り全体で共有したり，美術作品などの解説を聞いたりする。

| 知 | 鑑 | 態鑑 |

応じて見返すなどできるようにする。

【主体的に学習に取り組ませるための授業の工夫】
・美術作品などの解説において，作者が述べたことや美術作品が制作された時代背景などの知識は，美術作品を自分なりによりよく鑑賞するためのものであり，解説と同じ考えに至ることなどが目的ではないことを題材の目標に照らして生徒に適切に伝える。

他の生徒との意見交換で新たに気付いたことや強まった考えなどを基に主体的に美術作品を鑑賞し，夢や想像，感情などから生まれた美術作品の造形的なよさや美しさを感じ取ろうとしたり，作者の心情や表現の意図と創造的な工夫などについて考えようとしたりしているかどうかを評価する。【活動の様子，ワークシート】

※指導と評価の計画における記号の表記は前出の事例と同様である。

4 「主体的に学習に取り組む態度」の指導と評価の流れ

本事例に該当する第2学年及び第3学年における「主体的に学習に取り組む態度」の評価に当たっては，第1学年での学習で身に付けた資質・能力を生かしたり，自分なりの新たな価値に気付いたりするなど，生徒がこれまでとこれからの学びのつながりを捉えながら，目前の学びに主体的に取り組めるようにする必要があります。

また，生徒が学習に取り組む上で，作品の出来栄えなど結果のみに着目するのではなく，結果に至る過程や学習を充実するための環境に着目できるようにすることは，生徒が粘り強く学習に取り組む中で，試行錯誤することを促すことにつながると考えます。そのような生徒の学びに向けた教師の手立ては，題材の目標や設定した評価規準と深く結び付くものであり，手立てを通した生徒の姿への確かな見取りとともに，生徒の学びや指導の工夫改善につながる指導と評価の一体化の根底をなすものでしょう。

美術作品を鑑賞する学習では，生徒が単に作品名や作者名などを暗記したり，美術作品にまつわる一般的な見解を覚えることに熱心に取り組んだりするだけでは，生徒が主体的に学習に取り組んでいるとは言い難いといえるでしょう。鑑賞の学習とは，美術作品など対象との関係を深め，想いを巡らせながら自分の中に新しい意味や価値をつくりだす創造活動です。生徒がこれまでの学習と関連付けて身に付けた資質・能力を働かせ，他の生徒など他との関わりを生かしながら，自分なりに美術作品のよさや美しさを見いだすことができるようにする教師の手立てが大切です。そのため，学習評価を通して一人一人の実現状況を見取り，生徒が美術作品への見方や感じ方を深める学習の過程を認め励ましたり，時によりよい学び方を示したりしながらその様子を評価することが大切です。

①態鑑（導入：鑑賞①）

　導入における，生徒が自分の表現の学習を振り返る活動で
は，生徒がこれまでの表現の学習でよりよく主題を表すため
に表現方法を自分なりに工夫したことを思い出し，本題材の
鑑賞の学習でも美術作品の表現方法に着目して鑑賞しようと
する意欲を見取ります。ここでの見取りは，本題材で育成を
目指す「主体的に学習に取り組む態度」に働くだけでなく，
「知識」の習得や「思考力，判断力，表現力等」の育成とも
大きく関連し，生徒が題材の学習の目標を，自分ごととして
捉え，身に付けた資質・能力を働かせて学習を充実させるこ
とにつながります。

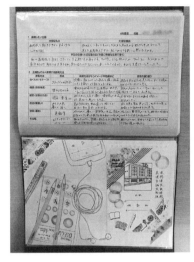

学習の過程を蓄積するポートフォリオ

　また，表現と鑑賞の学習の相互の関連が図られることで，
美術科における知識である〔共通事項〕を基に造形的な視点
を豊かに働かせようとする生徒の姿が期待されます。そのための手立てとして，学習活動の様
子やワークシートだけでなく，生徒が学習成果を蓄積するポートフォリオの作成が考えられま
す。ポートフォリオには，作品やまとめのワークシートのみならず，表現方法を検討したアイ
デアスケッチや学習の振り返りの記述など，生徒が試行錯誤した学習過程も整理して蓄積させ
ると，学習の振り返りがより効果的なものになると考えます。学習への意識や意欲が十分に高
まっていないと思われる生徒に対しては，ポートフォリオの中にある生徒の主題に応じた表現
方法の工夫を，そのよさを添えて具体的に指摘するなどし，生徒が鑑賞する美術作品に用いら
れている表現方法や，美術作品の主題などへ関心がもてるようにします。

②態鑑（展開：鑑賞②）

　展開における，生徒が個人で美術作品を鑑賞
する場面では，主体的に美術作品に描かれてい
るものや，表現に用いられている画面の構図や
配色など表現方法の工夫を見付け，それらの感
じなどを組み合わせるなどして，作者が作品に
表した主題を自分なりに見いだしている姿を活
動の様子などから見取るようにすることが大切
です。また，ワークシートに記述する活動では，
生徒が表現の学習で身に付けた資質・能力や
〔共通事項〕を活用するなどして，鑑賞を深め

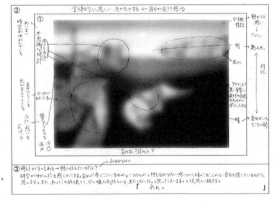

展開の生徒のワークシート

ようとする態度や意欲を見取ります。①と同様，「主体的に学習に取り組む態度」だけでなく，
本題材の学習の中心となる本活動への生徒の主体的な取組が，本題材で身に付けさせたい資

質・能力の育成に大きく関わるものとなります。生徒が身に付けた資質・能力や〔共通事項〕
を活用しようとするように，鑑賞している美術作品のどこ（何）に着目しているか意識させる
だけでなく，美術作品の主題を表現方法から見いだそうとする鑑賞の視点を確認させたり，ど
のような資料などが活用できるか考えさせたりするなど，学習の過程に着目した全体や個別への手立てが考えられます。

また，同じく展開における，生徒が班で美術作品について意見交換し，他の生徒の意見を聞いたり質問したりする活動では，生徒が他の生徒の多様な意見を生かしながら自分の考えを深めようとする意欲や態度を見取ります。活動に際しては，Google Jamboard を活用し，生徒がより多くの他の生徒の意見に触れたり必要

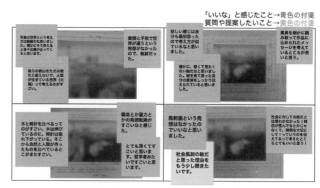

Google Jamboard の画面（他の人の見方や感じ方から学ぼう！）

に応じて見返したりできるようにすることで，美術作品のよさや美しさなどをより多面的に考えようとする姿などが期待できると考えます。また，教師も生徒一人一人の意見を把握しやすくなり，時機を捉えた個別の指導と学習状況の見取りなどが行いやすくなると考えます。ICTの活用は，活用自体が目的ではなく，生徒の学びやすさやその質の向上などの目的をしっかり考えることが重要です。

③ 態鑑 （まとめ）

まとめにおける活動では，生徒が他の生徒との意見交換で新たに気付いたことなどを基に再度，個人で美術作品を鑑賞し，見方や感じ方を深めて考えをワークシートに記入します。ここでは，生徒が本題材の学習を通して，自分なりに作品の主題を見いだすなど，美術の創造活動を味わいながら，美術作品への見方や感じ方を深めようと学習活動に取り組もうとする態度を

見取り評価します。ワークシートや学習の振り返りの記述などから，美術作品への見方や感じ方を深めるなどするために，美術作品の鑑賞の仕方を工夫したり，鑑賞の視点を振り返ったり，他の生徒の意見や資料等を生かしたりしようとするなど，評価規準に照らし，特に意欲的に学習に取り組む状況が見られる場合，「十分満足できる」状況（A）と評価します。右は展開後半の生徒のワークシートですが，展開前半に個

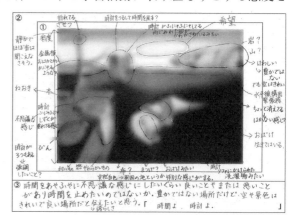

まとめの生徒のワークシート

人で美術作品を鑑賞し，表現方法の工夫などの感じなどから自分なりに見いだした美術作品の主題が，他の生徒との意見交換などの学習活動を通して量的，質的に豊かに広がっている様子が見られ，美術作品への見方や感じ方を深めようと粘り強く試行錯誤する高い意欲が見取れます。

5 「主体的に学習に取り組む態度」の評価の実際

本題材の「主体的に学習に取り組む態度」の評価では，美術の創造活動の喜びを味わい，主体的に造形的なよさや美しさを感じ取り，表現の意図と創造的な工夫などを考え，見方や感じ方を深めようとする意欲や態度を見取ることになります。評価の総括では，活動の様子を中心としながらワークシートの記述などからも見取り総合的に判断することになります。

右の学習の振り返りを記述した生徒は，当初，着目していた美術作品の「明度」に加え，他の生徒の意見を生かそうとし，「形」という新たな視点を加えて美術作品を鑑賞しています。さらに，題材を通して学ん

> 私は、この授業で「新しい視点で」物事を考える」ことを学びました。最初は明度にだけ着目して「何かの希望なのか」と考えていましたが、友達の発表を聞く中で「硬いものと柔いものがある」という発言から形にこだわって見てみようと思いました。「視点をかえる」これは、美術だけでなく、日頃から意識していくべきだと思いました。

「十分満足できる」状況（A）の例

だことを振り返り，「視点をかえる」と自分なりに気付きをまとめ，美術科の今後の学習のみならず，日頃から意識していこうとしており，記述だけを見ると「主体的に学習に取り組む態度」の実現状況は十分満足できることが分かります。

また，右の学習の振り返りを記述した生徒は，他の生徒との意見交流を生かして学習で学んだことを捉え直そうとし，表現方法が鑑賞する人に様々な作品の印象をもたらすことに気付いています。また，必要に応

> 今回の授業で感じたことは、表現による思いの違いです。一つの表現の違いによって人それぞれの感じ方がより多くなり、自分が思っていたことと真逆になることもあります。また、作者自身の言葉や背景という情報が加わることでより深く知ることができました。

「おおむね満足できる」状況（B）の例

じて作者の言葉や時代背景などの情報を加えるなど，より見方や感じ方を深める工夫に関心をもち，記述を評価規準に照らし合わせると「主体的に学習に取り組む態度」の実現状況はおおむね満足できることが分かります。

（前之園礼央）

【執筆者一覧】（執筆順，所属は執筆当時）

東良　雅人（京都市立芸術大学）

竹内　晋平（奈良教育大学 美術教育講座）

髙橋　憲司（青森県弘前市立第五中学校）

小山　祐太（岩手県盛岡市立上田中学校）

栗原　理恵（栃木県宇都宮市立泉が丘中学校）

飯田　成子（埼玉県朝霞市立朝霞第五中学校）

田中真二朗（秋田県大仙市立中仙中学校）

鈴野　江里（神奈川県鎌倉市立手広中学校）

田窪　真樹（大阪市立天王寺中学校）

内田　隆寿（嵯峨美術大学）

高安　弘大（青森市教育委員会事務局）

水野　一英（市立札幌平岸高等学校）

前之園礼央（鹿児島大学教育学部附属中学校）

野田　朋子（京都市立上京中学校）

飯田　哲昭（神奈川県愛川町教育委員会）

内田　善人（東京都中野区立南中野中学校）

藪　陽介（富山県南砺市立城端中学校）

【編著者紹介】

東良　雅人（ひがしら　まさひと）
京都市立芸術大学 客員教授
昭和37年京都生まれ
京都市立中学校美術科教諭，小学校図画工作科専科教員，京都市教育委員会指導主事を経て，平成23年，文部科学省初等中等教育局教育課程課の教科調査官及び国立教育政策研究所教育課程研究センターの教育課程調査官として着任し，平成29年中学校学習指導要領（美術）及び平成30年高等学校学習指導要領（美術，工芸）の改訂を行う。その後，文部科学省初等中等教育局の視学官を拝命するとともに，文化庁参事官（芸術文化担当）教科調査官を併任。令和３年より，京都市教育委員会京都市総合教育センター副所長，京都市立芸術大学客員教授を務める。

竹内　晋平（たけうち　しんぺい）
奈良教育大学 教授
昭和48年広島生まれ
京都市立小学校教諭，京都教育大学附属京都小学校教諭，佛教大学教育学部専任講師を経て現在，奈良教育大学美術教育講座教授。専門分野は，図画工作・美術科授業研究，同カリキュラム研究，美術教育史研究。学習指導要領等の改善に係る検討に必要な専門的作業等協力者（平成29年中学校学習指導要領（美術）），美術科教育学会理事（研究担当），日本美術教育連合運営委員（研究局）。

中学校美術
「主体的に学習に取り組む態度」の学習評価
完全ガイドブック

2023年６月初版第１刷刊 ©編著者	東　　良　　雅　　人
	竹　　内　　晋　　平
発行者	藤　　原　　光　　政
発行所	明治図書出版株式会社

http://www.meijitosho.co.jp
（企画）赤木恭平（校正）宮森由紀子
〒114-0023　東京都北区滝野川7-46-1
振替00160-5-151318　電話03(5907)6701
ご注文窓口　電話03(5907)6668

＊検印省略　　　　　　組版所 藤 原 印 刷 株 式 会 社

本書の無断コピーは，著作権・出版権にふれます。ご注意ください。

Printed in Japan　　　　　　ISBN978-4-18-239327-3

もれなくクーポンがもらえる！読者アンケートはこちらから